# Guia de Estudos de Estratégia

Domício Proença Jr.
Eugenio Diniz
Salvador G. Raza

# Guia de Estudos de Estratégia

Jorge Zahar Editor
Rio de Janeiro

1999
Direitos para esta edição contratados com:
Jorge Zahar Editor Ltda.
rua México 31 sobreloja
20031-144 Rio de Janeiro, RJ
tel.: (021) 240-0226 / fax: (021) 262-5123

Capa: Pedro Gaia e Leonardo Eyer

CIP-Brasil. Catalogação-na-fonte
Sindicato Nacional dos Editores de Livros, RJ.

Proença Júnior, Domício
P957g Guia de estudos de estratégia / Domício Proença Júnior, Eugenio Diniz, Salvador Ghelfi Raza. — Rio de Janeiro: Jorge Zahar Ed., 1999

Inclui bibliografia
ISBN 85-7110-497-2

1. Estratégia. I. Diniz, Eugenio. II. Raza, Salvador Ghelfi. III. Título.

CDD 355.43
99-0231 CDU 355.43

# Sumário


Apresentação, *por José Genoíno* 7

Prefácio, *por Mauro César Rodrigues Pereira* 9

Introdução 11

*O que é um guia de estudos de estratégia?* 12

*Estrutura* 12

**Capítulo 1 • Estudos Estratégicos 17**

*A identidade* 17

*A interdisciplinaridade* 19

*A especificidade* 21

*O que os Estudos Estratégicos não são* 23

*Os Estudos Estratégicos como atividade científica* 27

*Sobre História Militar* 32

*A História Militar nos Estudos Estratégicos* 43

**Capítulo 2 • Os Fundadores do Pensamento Estratégico 54**

*Jomini e a consolidação do mundo intelectual militar* 56

*O* Précis de l'art de la guèrre 60

*Clausewitz e a Teoria da Guerra* 70

*As sombras do* Da guerra *no século XIX pelos olhos do século XX* 75

*A incompatibilidade entre Jomini e Clausewitz* 84

**Capítulo 3 • Pensadores da Guerra no Mar 91**

*Alfred Thayer Mahan* 96

*O legado de Mahan* 100

*Julian Stattford Corbett* 106

*A herança de Corbett* 109

*Um balanço da guerra no mar* 131

Capítulo 4 • O Uso Militar do Ar 135
*A I Guerra Mundial* 136
*A aviação na I Guerra Mundial* 140
*Giulio Douhet* 145
*O Domínio do Ar* 146
*Os impasses e a influência da obra de Douhet* 150
Capítulo 5 • O Problema das Revoluções nos Assuntos Militares 170
Algumas palavras finais 181
Indicações bibliográficas 183
O Grupo de Estudos Estratégicos 185

CAIXAS DE DIÁLOGO

Constabular 20
Europol: a agência de polícia européia 21
DARPA/NASA 25
Arte e ciência 30
O Plano Schlieffen 36
O espectro dos conflitos 41
As crises 52
O ambiente político-militar posterior à derrota de Napoleão 55
Estratégia 56
Os princípios da guerra 68
O estado-maior 71
A vida a bordo dos navios a vela 93
O nascimento da marinha moderna 95
Esquadra de combate 101
A forragem: viver do campo 137
Trenchard 142
Dowding e a defesa aérea britânica 152
Guderian e as divisões *Panzer* 157
Tecnologia 174

# Apresentação

Este *Guia de Estudos de Estratégia* chama a atenção por muitos aspectos. O primeiro deles consiste na tentativa de delimitação das abrangências do que se denomina "Estudos Estratégicos". Se é verdade que os Estudos Estratégicos manifestam um caráter interdisciplinar ao dialogarem com as ciências sociais, com a diplomacia etc., parece ser correto também sustentar que o termo "estratégia" sofreu uma extrapolação que chega mesmo a dissolver o seu significado originário e específico. Estratégia ou Estudos Estratégicos, no sentido estrito do termo, implica no estudo do emprego dos meios de força, particularmente dos meios militares, para alcançar objetivos do Estado. Esse ponto de partida toma como referência o clássico conceito de Estado de Weber. Ou seja, o Estado expressa a organização de uma comunidade no âmbito de um território definido e se estrutura como a organização que reivindica o monopólio do uso legítimo da força. Os Estudos Estratégicos tratam de balizar a compreensão de como o Estado usa esse meio, que é ao mesmo tempo seu fundamento constitutivo, uma espécie de alfa e ômega, sem o qual a própria idéia de Estado perde sentido por perder sua garantia última. Tudo indica que o Estado não existirá sem estar fundado, embora não exclusivamente, sobre a força.

Tendo em vista que vivemos num país e num continente que sofreram várias interferências militares no processo político, é preciso sublinhar um outro pressuposto que os autores do *Guia* resgatam dos clássicos do estudo da guerra e da estratégia militar. Trata-se do princípio de que a força é um meio do Estado subordinado ao poder político legítimo. Deste princípio decorrem duas conclusões: 1) em termos de guerra ou de defesa da soberania nacional, a força só deve pôr-se em movimento sob o comando supremo da autoridade política legitimamente constituída; e, 2) quanto ao uso interno da força, ele só pode ocorrer dentro de limites constitucionais restritos.

O *Guia de Estudos de Estratégia*, como o próprio título o determina, representa um trabalho de síntese e de sistematização de autores e temas sobre o assunto. Entretanto, não se limita a estes aspectos: sinaliza um enorme potencial de desdobramentos teóricos na medida em que apresenta um esforço de conceituação científica relativo à estratégia e à guerra. Por ambos os aspectos, o leitor terá a oportunidade de se introduzir histórica e conceitualmente sobre uma das mais espantosas atividades humanas: a guerra. Por maiores que sejam as condenações morais impingíveis às guerras de todos os tempos, constitui-se também um dever dos homens, especialmente daqueles que se dedicam ao conhecimento, lançar o foco da luz esclarecedor sobre as motivações, as condições e as razões que levam ao uso da força e da violência física.

O tratamento conceitual e a pretensão científica que são conferidos aos Estudos Estratégicos nesta obra não descuidam do espaço-tempo, da perspectiva histórica e geográfica, em que os acontecimentos militares e as teorizações se inserem. Assim, por um lado, os autores constroem um diálogo entre a história militar e os estudos conceituais; e, por outro, delimitam os três principais ambientes físicos nos quais incidem as técnicas e estratégias de guerra: a terra, o mar e o ar. Clausewitz e Jomini são apresentados como os verdadeiros pontífices do estudo da guerra. Alfred Thayer Mahan e Julian Stattford Corbett aparecem como genitores dos estudos da guerra no Mar. E o italiano Giulio Douhet tem seu nome destacado no rol dos pioneiros que se preocuparam em estudar guerra no Ar. Na parte final do *Guia* os autores abrem uma janela com dois visores para uma nova temática: no primeiro visor apresentam um breve panorama das implicações que as revoluções políticas têm com os assuntos militares. No segundo visor, introduzem o tema das revoluções nos assuntos militares proporcionadas pelos usos das novas tecnologias.

Os autores do *Guia* merecem ser parabenizados por inaugurarem uma nova prática no Brasil. Trata-se do passo inicial que estão dando para trazer para a esfera civil e para o mundo acadêmico o esforço de estudar e compreender a estratégia militar. O estudo da guerra e da estratégia militar, até agora, a rigor, restringiu-se a pessoas provenientes dos meios militares.

**José Genoíno**

*Deputado Federal PT/SP*

# Prefácio

Trata-se de trabalho acadêmico, resumido e consistente, de excelente qualidade, apresentando a vantagem da leitura fácil, a despeito das naturais complexidade e profundidade de alguns dos autores estudados.

O *Guia* preenche uma lacuna há muito sentida pelos estudiosos do tema e constitui excelente oportunidade para os que desejam iniciar-se no campo da estratégia, particularmente por incentivar a leitura dos principais autores, em decorrência do interesse despertado pela abordagem habilidosa e motivadora, que permeia o trabalho.

Sem dúvida, o *Guia* há de apresentar utilidade especial, não só para o público civil interessado em estudos estratégicos, como para os militares que freqüentam os cursos de altos estudos militares.

Além da divisão racional dos capítulos, cumpre ressaltar a forma agradável como são apresentados os trabalhos de Clausewitz e Jomini, analisados Mahan e Corbett, descrita a teoria de Douhet e conceituado o que os autores entendem por "Revolução nos Assuntos Militares".

Não resta dúvida de que, além de suprir uma lacuna, o *Guia* representa um convite ao estudo de tão fascinante tema.

Mauro César Rodrigues Pereira
*ex-Ministro de Estado da Marinha*

# Introdução

Este *Guia* foi escrito para permitir que pessoas interessadas no tema da guerra pudessem ter acesso à literatura mais importante sobre o assunto. Essa é a melhor maneira de se aproximar do tema, servindo como um convite à leitura dos autores originais, de acordo com os interesses de cada um.

Os propósitos deste *Guia* são, portanto, introduzir os principais autores do estudo da guerra — os estudos estratégicos — e permitir uma compreensão das dinâmicas da guerra, instruindo um entendimento informado das teorias e concepções que orientam o emprego das forças armadas. Nesse sentido, o texto que se segue não tem a pretensão de abranger toda a literatura dos estudos estratégicos. Trata-se de apresentar, de forma articulada e historicamente fundamentada, alguns balizamentos úteis para educar a reflexão sobre assuntos estratégicos, de maneira a permitir ao leitor iniciar-se no campo de forma adequada. Foi escrito para possibilitar uma leitura própria e sistemática dos principais autores dos estudos estratégicos, motivando a busca do conhecimento histórico que permita compreendê-los, para formular suas próprias idéias sobre problemas estratégicos.

Este *Guia* atende, assim, ao propósito de prover uma referência inicial sobre problemas teóricos da guerra. Dialoga, portanto, com o acervo da literatura dos estudos estratégicos e preenche, ainda, o papel de educar os interessados para a adequada compreensão da origem, evolução e uso de diversos vocábulos, conceitos e entendimentos utilizados no estudo e reflexão sobre a guerra, orientando-os à apreciação crítica destes termos e iluminando um entendimento próprio de sua utilidade e limites.

## O que é um guia de estudos de estratégia?

Pensemos em um guia turístico. Este guia nos forneceria de imediato um mapa com as principais estradas e cidades; em seguida, apresentaria uma lista de cidades onde há aspectos turísticos a conhecer e a disponibilidade ou não de infra-estrutura para receber turistas; depois, para cada cidade, apresentaria uma breve história, uma lista dos pontos turísticos e uma pequena apresentação sobre eles, das peculiaridades da cidade e de seus habitantes. Entretanto, quem teria de fazer a viagem seria a pessoa que comprou o guia; o guia não faz a viagem pelos leitores.

Um guia de estudos tem uma proposta bastante semelhante. Trata-se de, para um determinado campo de conhecimento, apresentar os problemas primordiais, os autores mais importantes e suas principais idéias etc. Assim como num guia turístico, um guia de estudos jamais poderá substituir a dedicação e o empenho dos leitores em conhecer a "matéria-prima" original.

Um guia de estudos de estratégia enfrenta algumas circunstâncias particulares. A primeira delas decorre da necessidade de qualificar a densidade e a pertinência do sem-número de contribuições que conformam a formulação teórica e a prática dos assuntos de segurança dos Estados, bem como as dinâmicas de tempo de paz, crise ou guerra e, ainda, a inserção destes no ambiente mais geral da vida no final do século XX. A segunda reflete a necessidade de admitir que um guia, qualquer guia, que se pretenda útil tem que conciliar o recorte e a seleção dos pontos a serem apresentados com a cobertura adequadamente completa, senão de todos os autores, pelo menos das principais linhagens de estudo no campo. Finalmente, um guia de estudos de estratégia coloca para seus leitores duas obrigações: primeiro, a de se posicionar intelectualmente com relação às questões apresentadas, estimulando que se resista à tentação de justapor ou fundir as diferentes linhagens (colocando o Pão de Açúcar em São Paulo, por assim dizer); segundo, de colocar o guia como um convite e um auxílio à verdadeira viagem: o contato direto com as obras e autores, em harmonia com o posicionamento demandado acima e para a qual se espera que o guia se revele útil.

## Estrutura do "Guia de Estudos de Estratégia"

Já no primeiro capítulo, o *Guia* assume explicitamente o seu caráter de texto introdutório, buscando compartilhar, de forma sintética, os diversos elementos que podem instruir uma leitura científica sobre a guerra — em si mesma, uma atividade que não é ciência, mas, nas palavras de Clausewitz, "um ato de força para impor nossa vontade sobre o inimigo"[1].

A discussão sobre a teoria da guerra, de que trata o capítulo dois, se dá através de uma apresentação do percurso e das obras de Jomini e de Clausewitz, a qual serve apenas para o primeiro contato com esses autores, um convite para a leitura dos textos originais. O valor pioneiro e fundador destas obras como alicerces de toda a reflexão estratégica do Ocidente torna sua leitura absolutamente indispensável para o entendimento da guerra. Assim, o capítulo dois dá elementos cruciais para que se possa enquadrar adequadamente as discussões sobre a guerra no mar e no ar que se seguem, permitindo reconhecer em outros autores — não estudados neste *Guia* — sua fundamentação teórica e sua filiação intelectual predominante.

O capítulo três busca informar sobre o legado mahaniano e a herança corbettiana na reflexão sobre a guerra no mar. Esta exposição se dá de forma limitada, na apresentação crítica das principais obras e contribuições destes autores; neste sentido, não aborda, de forma explícita, a maior parte da história da guerra no mar no século XX, nem outros autores que contribuíram para o acervo das reflexões sobre a guerra no mar. O recorte adotado no capítulo três se justifica pelo valor das questões — mesmo, das inquietações — colocadas por dois dos mais influentes pioneiros da reflexão sobre o papel do mar na história e nas guerras. A escolha de Mahan reflete a força de seu legado, que pode ser tomado como a mais influente vertente jominiana na reflexão e práticas navais. A escolha de Corbett serve para aferir o enquadramento da guerra no mar em harmonia com as idéias de Clausewitz. Desta forma, assegura-se um diálogo entre a discussão dos primeiros capítulos do *Guia*, evidenciando a maturidade da discussão dos assuntos militares no início do século e convidando à atualização de seu significado.

O capítulo quatro apresenta a mais influente obra sobre a guerra no ar. Contextualiza o uso militar do ar, apresentando as reflexões e propostas de Giulio Douhet, o mais radical dos pensadores da guerra no ar do período entreguerras. Estabelece-se assim, no capítulo quatro, um diálogo entre aquele que levou ao seu limite lógico as idéias

---

1. CLAUSEWITZ, Carl von. *On War*. Nova York, Alfred A. Knopf, 1993. p.83.

predominantes no período imediatamente anterior à Segunda Guerra Mundial (Douhet) e a experiência das guerras até a atualidade.

O capítulo cinco apresenta elementos de entendimento que informam e questionam o conceito de "revoluções nos assuntos militares". Perceba-se como mesmo um tema tão freqüente na literatura contemporânea dos estudos estratégicos quanto o da revolução nos assuntos militares só pode ser realmente enquadrado à luz do conjunto dos capítulos que compõem o *Guia*. Note-se que isto não deve ser tomado com surpresa, já que é somente a partir da leitura de todo o *Guia* que suas partes ganham o enquadramento adequado à sua importância e que se pode esperar que o conjunto permita ponderar o valor e pertinência de outros textos, distinguindo suas filiações e encaixes no campo dos estudos da guerra.

Por fim, seguem-se algumas palavras finais e indicações bibliográficas que servem como sugestão de leitura para aprofundamento dos temas tratados.

Ao longo de todo o texto, lançou-se mão do recurso de destacar exposições de caráter complementar, que apresentam elementos adicionais de informação, relacionadas com o restante do texto em "caixas de diálogo". Os termos, expressões e instituições tratados nessas "caixas de diálogo" são indicados pelo uso de VERSALETES. Os leitores têm liberdade de lê-las como desejarem, de maneira a não interromperem o fluxo normal do restante do texto.

Uma versão preliminar deste *Guia* resultou da cooperação entre a Escola de Guerra Naval (EGN) e o Grupo de Estudos Estratégicos da Coordenação dos Programas de Pós-graduação em Engenharia da Universidade Federal do Rio de Janeiro (GEE-COPPE/UFRJ). Servia, então, ao propósito de prover aos oficiais-alunos dos cursos da EGN uma orientação sistemática ao estudo da guerra, através de uma referência consistente e abrangente que apoiasse seus estudos e reflexões. Os autores, entretanto, salientam que o texto foi produzido com total liberdade acadêmica, não devendo ser visto como doutrina ou qualquer espécie de manifestação oficial do pensamento da Marinha do Brasil. A versão que ora apresentamos se distingue daquela por alguns acréscimos e por uma extensa revisão que melhor a adequasse a um público de não-especialistas, atendendo também à continuação das discussões sobre o assunto de que trata este *Guia* no Grupo de Estudos Estratégicos.

Os autores gostariam de agradecer as conversas, diálogos e correspondências com várias pessoas que graciosamente ajudaram a esclarecer algumas das idéias e reflexões aqui apresentadas. Entre elas, os autores destacam: o Prof. Dr. Christopher Bassford, do United States Army War College; o Major (QEM) Mauro Mosqueira Gomes, doutorando em Estudos Estratégicos pela COPPE/UFRJ; e os oficiais alunos da EGN em 1997. Nenhum deles deve ser responsabilizado por eventuais erros ou omissões que porventura tenham permanecido.

**Os Autores**
*Rio de Janeiro, março de 1999*

Capítulo 1

# Estudos Estratégicos

Em termos gerais, os Estudos Estratégicos têm por objeto o estudo do emprego dos meios de força do Estado, desde as forças armadas até as polícias, para propósitos politicamente determinados. Em termos estruturais, eles correspondem a abrangente vínculo interdisciplinar, com contribuições das mais diversas ciências sociais e exatas — em suas vertentes teórica e aplicada — e do estudo da dinâmica política; por isto mesmo, os Estudos Estratégicos distinguem-se de todos estes outros campos do conhecimento.

Nesse sentido, os Estudos Estratégicos buscam entender, analisar e explicar o agregado do conhecimento e das conjecturas humanas sobre os conflitos, assim como a evolução das motivações e meios de conflitos potenciais ou concretos. Para isso, formulam e interpretam teorias que estabelecem um conjunto lógico ou sistema de proposições sustentáveis ou plausíveis, com validade e aceitação contextualizadas, que refletem a dinâmica interativa entre os conflitos e as sociedades nas quais estes têm lugar.

## A identidade dos Estudos Estratégicos

Mesmo que a demarcação do campo dos Estudos Estratégicos possua uma linha de fronteira de definição necessariamente restritiva em função do universo de possibilidades temáticas, tal definição ainda é capaz de transmitir uma identidade consistente e viável, bem como servir para a identificação e instrução de métodos, ferramentas, objetos e questões próprias. Esta definição de fronteira não precisa ser excessivamente rígida, devendo admitir temas emergentes e uma zona cinzenta. Mas é crucial que, ao se admitir uma zona fronteiriça cinzenta, se deixe bem claro que ela reflete a existência de pólos claramente marcados de inclusão e exclusão de temáticas nos Estudos Estratégicos.

A prática brasileira de se querer expandir os Estudos Estratégicos para que abranjam os estudos de qualquer tipo de ação orientada pela obtenção de resultados é um erro grave: resulta na dissolução de qualquer identidade[2]. Não há como querer sustentar a credibilidade do trabalho ou o processo pedagógico de um campo que alegue ter como itens válidos de sua competência a gestão financeira da grande empresa, a seleção de trajetórias de recursos humanos em firmas ou instituições, a circunscrição das dinâmicas regionais de desenvolvimento, a estruturação da infra-estrutura de serviços, a definição das pautas de relações exteriores, a adequação dos arranjos de ordem pública, o desenho e dimensionamento das forças armadas, o controle das tecnologias duais, a posse e o emprego de armas de destruição de massa, a política internacional, os macrossistemas internacionais e as aspirações políticas nacionais de todos os tipos, entre outros. É impossível crer numa competência estabelecida capaz de tratar tantos temas, e outros mais, com desempenho semelhante e distinto do de outros campos. É impossível educar quem quer que seja para que se torne competente em tão ampla gama de assuntos em prazos humanamente razoáveis — uma vida, por exemplo.

Acima de tudo, a demarcação dos Estudos Estratégicos tem de abranger, legitimar e apoiar linhas de trabalho que instruam sua competência específica de forma clara e completa, afirmando o potencial de sua contribuição e os limites de seu alcance. Isto se traduz numa

---

2. Isto é especialmente preocupante quando evidenciado nos elencos temáticos dos diversos Encontros Nacionais de Estudos Estratégicos, que têm abrangido temas que vão desde a defesa nacional até a estruturação de pequenas empresas, ao mesmo tempo em que têm excluído temáticas como o provimento de ordem pública e o desenho mesmo da institucionalidade para políticas de defesa. Por exemplo, a ausência de espaços para a discussão sistemática da conveniência e formas de um eventual Ministério da Defesa brasileiro tem sido uma flagrante lacuna nas agendas destes encontros. De fato, o desejo de apresentar os Estudos Estratégicos como um tema de interesse empresarial é um erro conceitual grave, que compromete a credibilidade tanto dos Estudos Estratégicos quanto das disciplinas associadas à Administração de Empresas e ao Marketing, por exemplo. Veja-se, mais adiante, a discussão sobre o aproveitamento da dinâmica conflitiva como lógica operacional no campo empresarial.

definição consistente sobre a natureza geral e sobre as temáticas específicas dos Estudos Estratégicos. Esta definição deve identificar, num grau amplo de generalidade e num grau consistentemente restrito de especificidade, temas válidos e legítimos para os Estudos Estratégicos.

## A interdisciplinaridade dos Estudos Estratégicos

A natureza dos Estudos Estratégicos como união interdisciplinar explica sua riqueza metodológica e circunscreve a forma pela qual absorve e utiliza, para seus próprios propósitos, contribuições das mais diversas disciplinas e da própria dinâmica política. Esta abrangência não se confunde com um relativismo metodológico infinitamente tolerante e muito menos com uma indefinição temática.

Os Estudos Estratégicos são definidos por um conjunto de temas centrais tratados de uma maneira específica. Em termos gerais, dizem respeito à discussão independente, distinta da expressa nas políticas das agências governamentais formalmente responsáveis pela defesa nacional e diplomacia, e ações CONSTABULARES e policiais, sobre o uso da força, na forma de iniciativas e ações militares, diplomáticas, constabulares e policiais.

Sua perspectiva é caracteristicamente interdisciplinar. Atravessa, por um lado, a divisa disciplinar que separa as ciências sociais das ciências exatas. Os Estudos Estratégicos abordam tanto o significado social de iniciativas e realidades tecnológicas quanto a adequação de escolhas tecnológicas para fins socialmente — e politicamente — determinados. Por outro lado, esta inserção levanta um desafio entre a ação política de fins estratégicos e a reflexão acadêmica com fins científicos. É a natureza pragmática e interdisciplinar de seu foco de trabalho particular, sobre objetos específicos, que permite estruturar e conduzir o emprego das contribuições de outras disciplinas e da própria dinâmica política de forma útil para os Estudos Estratégicos. É justamente a riqueza e a variedade desta composição de fontes, abordagens e métodos que impõem aos Estudos Estratégicos uma disciplina rigorosa na demarcação e na defesa de sua identidade.

Esta abertura multidisciplinar e esta prática interdisciplinar não impedem, ao contrário, explicam o grande interesse que pesquisadores, estudiosos e contribuições disciplinares originários das mais diversas ciências e do próprio curso das ações políticas têm no campo dos Estudos Estratégicos.

CONSTABULAR (do inglês *constabulary*)

Entende-se por ações constabulares do Estado aquelas que se prendem ao exercício da soberania por sobre um dado território, fazendo valer o monopólio da força pelo Estado, impondo obediência às suas leis e a vigência dos termos de acordos internacionais, atuando, ainda, como força de preservação da vida e do patrimônio em situações emergenciais. As ações constabulares são uma zona cinzenta entre a defesa nacional e o provimento de ordem pública; na prática, tanto as forças armadas quanto as polícias, ou ainda organizações explicitamente constabulares – como as guardas-costeiras e as guardas de fronteiras – desempenham, de forma diferenciada, papéis na defesa nacional, nas ações constabulares e no provimento da ordem pública.

As ações constabulares possuem uma especificidade própria em termos do emprego da violência, dentro dos limites da proporcionalidade e de sua subordinação a regimes jurídicos.

É comum que pesquisadores e linhas de trabalho se originem e migrem ou, simplesmente, passem pelo campo dos Estudos Estratégicos no desenvolvimento de trabalhos perfeitamente encaixados em suas disciplinas de origem ou na própria dinâmica política. Isto é particularmente verdade no que diz respeito ao trabalho de historiadores. O relato da evolução dos relacionamentos políticos, ponderando as formas pelas quais relações e arranjos de força se desenvolvem, é um dos diversos temas de que tratam os historiadores. Este é o tema central dos Estudos Estratégicos, que desenvolve por seus próprios métodos e por seus próprios motivos uma variedade de estudos de inspiração historiográfica. A História, vista pelos olhos e interpretada pelos interesses dos Estudos Estratégicos, é tradicionalmente descrita como o principal laboratório deste campo.

Por outro lado seu caráter distintivo e interdisciplinar deve ser diferenciado de forma clara dos campos com os quais dialoga: as ciências sociais, as engenharias, a diplomacia e a ação militar, a ação constabular e o provimento da ordem pública ou, mesmo, a gestão política dos assuntos de segurança do Estado.

Os Estudos Estratégicos são um enfoque determinado sobre estes assuntos, que busca entendê-los e avaliá-los de forma sistemática, visando a seu controle, eficácia, eficiência e adequação. Seria arriscado assumir que quaisquer destes temas pudessem ser substituídos ou absorvidos em sua totalidade pelos Estudos Estratégicos, ou, ao contrário, que os Estudos Estratégicos fossem sinônimos de qualquer um deles. Sua identidade está exatamente no enfoque que unifica estas diferentes contribuições no tratamento de seus temas específicos.

## A especificidade dos Estudos Estratégicos

Em termos específicos, os Estudos Estratégicos têm um objeto central que os caracteriza e distingue: a questão da segurança, expressa na avaliação, projeto, gerência e aperfeiçoamento de sistemas integrados de pessoas, equipamentos, materiais, procedimentos e ambiente para o preparo, emprego e aperfeiçoamento dos meios de força como instrumentos políticos, em nível local, regional, nacional, internacional e, mesmo, planetário. Com relação a este último, há a necessidade de se considerá-lo como pertinente aos Estudos Estratégicos na medida em que aspectos relativos à segurança e ao emprego de força podem vir a transcender a própria dinâmica internacional.

### EUROPOL: A Agência de Polícia Européia

Como resultado do processo de integração europeu, discute-se hoje que existiriam atividades ilícitas cuja natureza (tráfico de drogas, terrorismo etc.) ou cuja territorialidade (contrabando através de múltiplas fronteiras e ilícitos envolvendo nacionais de diversos Estados no território de um terceiro) as colocariam sob a responsabilidade de uma agência concretamente européia de polícia.

A Europol foi criada inicialmente como uma agência coordenadora de inteligência, mas admite-se também seu papel como uma agência executiva plurinacional – mesmo, ao subordinar as polícias nacionais no desenrolar de um caso, supranacional – pela qual os Estados europeus reconhecem a existência de crimes transnacionais e instruem uma cessão de sua soberania em prol da atuação de uma agência independente.

A Europol pode colocar em tela a necessidade de novos entendimentos sobre os conceitos tradicionais de soberania nacional e o monopólio da aplicação da lei e do uso legítimo da força pelos Estados nacionais em seus próprios territórios.

Em suas expressões mais abrangentes, os Estudos Estratégicos compreendem o complexo das atividades de segurança em seus diversos níveis: não as expressões de uma segurança abstrata, onipresente, transpolítica e difusa, mas sim da segurança de Estados realmente existentes, com regimes políticos e formas de governo concretas, percebida e expressa em situações objetivas, produzida e informada por dinâmicas de procedimentos e dos meios de força, inseridas em arranjos políticos que conformam e limitam as iniciativas tecnicamente possíveis em prol da segurança.

Neste sentido, os Estudos Estratégicos permitem que se exerça o papel de acompanhamento, crítica, estudo e proposta de alternativas independente dos arranjos existentes de segurança, tanto quanto instruem um espaço acadêmico capaz de identificar a obsolescência, atualidade e emergência de questões de segurança.

Em suas expressões mais específicas, os Estudos Estratégicos se dirigem às dinâmicas relacionadas aos meios de força e seu papel na dinâmica política de forma explícita. Tratam, tanto teórica quanto aplicadamente, da ampla gama de questões relacionadas aos regimes de segurança, às políticas de defesa, aos assuntos militares, à dinâmica da tecnologia e da produção de uso bélico ou dual (militar/civil) e, cada vez mais, aos assuntos da vigilância dos Estados nos espaços internacionais — aí incluído o ambiente (a "realidade virtual") criado pela digitalização da economia — e as funções constabulares e policiais dos Estados.

Os Estudos Estratégicos dialogam com as práticas diplomáticas e militares dos Estados nacionais, notando com particular interesse como os arranjos de defesa e segurança interagem entre si e como são afetados pela evolução de procedimentos e de material do estado-da-arte bélico. Dialogam ainda com as práticas diplomáticas, militares, constabulares e policiais dos Estados nacionais, notando com particular interesse os arranjos de controle do território — as ações constabulares marítima, terrestre, aérea e espacial, entre outras — e o caráter crescentemente plurinacional de tais iniciativas, dentro de uma dinâmica de evolução do procedimento e do material dos estados-da-arte da salvaguarda do território e do provimento de ordem pública.

O caráter interdisciplinar dos Estudos Estratégicos não é apenas a decorrência de uma opção metodológica; decorre, antes, da própria natureza de seu objeto de estudo — conflitos caracterizados pelo recurso ou a possibilidade do recurso às armas —, em si mesmo moldado por realidades e fenômenos diversos, envolvendo tanto análises técnicas (como, por exemplo, a viabilidade deste ou daquele equipamento, deste ou daquele procedimento, sua utilidade ou não em determinado ambiente, terreno ou clima etc.) quanto políticas (a conveniência ou não deste ou daquele arranjo, desta ou daquela opção, a disponibilidade ou não de aliados etc.). É fácil perceber, no momento em que se emprega a força, como todas estas questões aparecem todo o tempo e como podem ser decisivas. Os Estudos Estratégicos são uma das formas pelas quais estas questões podem ser resolvidas mesmo antes que venha a ser necessário empregar a força.

Este entendimento permite afirmar a identidade dos Estudos Estratégicos e expressar a sua natureza a partir do esclarecimento do que eles não são, excluindo de sua competência uma variedade de temas, abordagens e propostas falsamente incluídos em sua competência.

## O que os Estudos Estratégicos não são

A formulação da política geral do Estado não é, nem deve ser, objeto dos Estudos Estratégicos. A subordinação política da força é a pedra fundamental do entendimento ocidental do que sejam a legitimidade e os limites aceitáveis do emprego da força.

A autoridade governamental reside, nas democracias, com os representantes eleitos e está sujeita apenas aos limites constitucionais. A tomada de decisão política, especialmente em seu nível mais alto, envolve bem mais do que os aspectos analisados pelos Estudos Estratégicos. Transcende, mesmo, uma lógica egoísta do incremento e do uso do poder, como expresso em algumas escolas maquiavelianas ou schmidtianas da ciência política. Querer reduzir a formulação da política ao produto de um campo de estudos, não importa quão abrangente, é mais do que um equívoco epistemológico, é uma ambição que usurpa a autoridade política, uma afronta à estrutura do Estado ocidental e à democracia.

A presença de um imaginário bélico no contexto do conflito político-partidário, político-burocrático ou mesmo social não faz, nem deve fazer, com que tais conflitos sejam objeto dos Estudos Estratégicos, a não ser que admitam a solução do recurso aos meios de força. As raízes da cultura humana têm forte componente bélica: "viemos ao mundo armados, mas não soldados", como aponta Robert O'Connell[3]

---

3. O'Connell, Robert. *História da guerra*. Lisboa, Teorema, sd. [copyright da 1ª edição 1989].

ao narrar as relações entre a espécie humana e seus armamentos. As imagens do guerreiro, do extremo do combate, da glória da luta e do desapego até o sacrifício da vida são componentes de valor de nossa herança enquanto espécie. Se todas as instâncias em que estas componentes se manifestassem fossem ser tratadas como objetos dos Estudos Estratégicos, então eles seriam indistinguíveis da vivência e estudo da herança cultural da humanidade.

O emprego de marketing do termo "estratégico" para as formulações gerais da ação de empresas concorrentes não as faz, nem as deve fazer, objeto dos Estudos Estratégicos. Uma manobra brilhante no aproveitamento do imaginário cultural citado acima foi a circunscrição da alta gerência empresarial como sendo responsável pelo planejamento e, mais recentemente, pela gerência, dita estratégica, das firmas.

Existem raízes históricas específicas — as guerras mundiais — e razões evidentes, que bebem de nossas raízes culturais, no enquadramento das ações do pessoal de uma empresa como análogos aos esforços dos povos na guerra. Há paralelos evidentes nas situações de tomada de decisão dos chefes e gerentes de grupos humanos em quaisquer atividades, bélicas ou não. Numa paráfrase de Clausewitz, o termo final de toda ação bélica é o combate, enquanto que o termo final de toda ação comercial é o pagamento em dinheiro[4]. Fica evidente que a dinâmica da lógica bélica, do uso da força para os fins da política, objeto dos Estudos Estratégicos, não é idêntica ou mesmo facilmente traduzível em termos da lógica da busca do lucro, pela produção de bens e serviços num ambiente de concorrência.

As analogias com as questões estratégicas na avaliação, desenho e gerência de sistemas complexos, com ou sem oposição a seu funcionamento, com ou sem vínculos políticos, não justificam, nem devem justificar, que tais temáticas e problemas sejam objetos dos Estudos Estratégicos. O emprego dos meios de força exige avaliações, desenhos e gerências de elementos complexos e, mesmo, intangíveis.

A experiência neste tipo de atividade tem valor evidente no processo educacional de gerentes e, de fato, muitos destes processos tiveram lugar de forma associada a fins de segurança e mesmo bélicos em países como os Estados Unidos ou o Reino Unido. A lógica do assim chamado complexo industrial militar explica a presença de pes-

4. Clausewitz, *On War*, p.111.

soas e organizações, associadas à lógica bélica, na busca de resultados, por exemplo, tecnológicos.

A gerência de um projeto multianual e multidisciplinar exige uma visão de longo prazo, capaz de orientar prioridades e a utilização de recursos rumo a uma meta, certamente análoga à condução de uma guerra ou da preservação da ordem numa grande cidade. Mas, como o caso DARPA/NASA evidencia de forma marcante, a morosidade imposta pelo sigilo acaba por inverter os papéis de longo prazo de civis para militares e os de curto prazo de militares para civis no campo tecnológico. A não ser que haja uma conexão explícita com a questão da segurança, estas atividades têm dinâmicas próprias e não têm como ser enquadradas ou tratadas pelos Estudos Estratégicos.

### DARPA/NASA

O lançamento do Sputnik em 1957 causou consternação nos círculos políticos e militares norte-americanos, que se confrontaram com a lentidão de seus desenvolvimentos na tecnologia de mísseis e no aproveitamento de seus cientistas alemães.

Em regime de urgência, decidiu-se pela criação de duas agências especificamente orientadas à melhora da posição americana na corrida espacial: uma, militar, a Advanced Research Projects Agency (ARPA), encarregada dos resultados de curto prazo, com a prioridade e com a maior parte do orçamento; outra, civil, a National Air and Space Administration (NASA), orientada para o longo prazo e com uma fração de recursos menor do que a da ARPA. Apesar disso, em pouco tempo, a NASA dispunha de projetos e programas capazes de igualar e superar os resultados soviéticos, acenando mesmo com a perspectiva de colocar um homem na Lua antes do fim da década de 60. A ARPA não havia conseguido sequer chegar a um regime de tratamento das informações que satisfizessem as regras de sigilo.

Isto levou a uma inversão de papéis, com a NASA passando a responder pelo curto prazo e a ARPA, renomeada DARPA – Defense Advanced Research Projects Agency –, pelo longo prazo. A experiência DARPA/NASA serviu para iluminar a percepção de que o desenvolvimento científico não era compatível com regras estritas de sigilo nem se ajustava facilmente à estrutura hierárquica militar.

A percepção da existência de dinâmicas de longo prazo, de grande efeito multiplicador, ou de caráter crítico não as faz, nem as deve fazer, objeto dos Estudos Estratégicos. A redescoberta, desde o início deste século, de que a guerra não se limitava à esfera militar levou à percepção de que determinados materiais (aditivos e catalisadores, por exemplo), processos (doutrinas militares como a infiltração, por exemplo) ou mesmo conhecimentos (a familiaridade de grande número de pessoas com veículos automotores, por exemplo) podiam ser estratégicos — no sentido estrito, capazes de influir decisivamente no desfecho de uma guerra. Mas, com este entendimento, corre-se o risco de fazer dos Estudos Estratégicos um campo que traveste uma visão totalitária, luddendorfiana, pela qual todas as dimensões da vida devam ser subordinadas e hierarquizadas por sua utilidade militar ou por seu potencial de emprego conflitivo.

Todos os pontos acima podem se somar aos esforços mais amplos de avanço do conhecimento humano e, enquanto tal, iluminar questões próprias dos Estudos Estratégicos; mas não pertencem, nem devem pertencer a eles.

***

Este panorama concorre para a apresentação de uma visão temática dos Estudos Estratégicos. Retoma-se, a partir de agora, o conjunto dos quatro pontos principais expostos, de forma a oferecer um resumo sintético das considerações que devem nortear o correto entendimento do estudo da estratégia:

1º) afirmou-se a pertinência de uma demarcação clara e consistente para os Estudos Estratégicos, centrada na definição de um núcleo de abrangência específica, quer dizer: a explicitação de seus objetos e perspectivas próprios;

2º) mostrou-se a natureza dos Estudos Estratégicos como uma união interdisciplinar, recebendo contribuições das ciências sociais, exatas, e do desenrolar das ações políticas, militares e diplomáticas, constabulares e policiais — e, por isso mesmo, distinta de todas elas;

3º) apontou-se a especificidade dos Estudos Estratégicos em torno da questão geral da segurança, na forma estrita da análise independente das dinâmicas dos meios de força no contexto político das relações dos e nos Estados; e

4º) circunscreveu-se o campo dos Estudos Estratégicos, distinguindo temas que não pertencem, e não devem pertencer, a este campo.

## Os Estudos Estratégicos como atividade científica

Isso nos leva diretamente à reflexão sobre o que é ciência e quais seus usos para os que buscam compreender a estratégia.

Nenhum guia de estudos pode deixar de apresentar alguns elementos pelos quais instruir a identificação, compreensão, utilização e limites do conhecimento científico. Por outro lado, nenhum guia pode pretender suprir integralmente esta necessidade. Não se trata de fazer um guia dentro do guia, que tratasse do campo da filosofia da ciência e do método científico, mas, antes, de especificar de maneira inequívoca o que sejam as fronteiras, procedimentos e limites de um método científico.

Como distinguir o conhecimento não-científico daquele verdadeiramente científico, e, neste, quais os conhecimentos úteis para um estudioso da guerra?

A nossa época é ofuscada pela importância do discurso técnico científico como se esse fosse o único discurso válido. Isso não é verdadeiro. Algumas das práticas mais fundamentais da vida cotidiana não têm nenhuma relação direta com o discurso científico.

Pelo mundo todo, milhões de pessoas, diariamente, cozinham seus alimentos, muito embora não tenham qualquer conhecimento dos processos físicos, químicos e metabólicos pelos quais um determinado alimento é transformado ao ser frito, fervido, assado, ou submetido a qualquer outro processo de transformação. Diariamente, milhões de pessoas operam seus computadores sem ter noção de qualquer discussão mais técnica sobre eletrônica, programação ou análise de sistemas.

O discurso científico não recobre a totalidade da experiência humana; é apenas uma dentre as muitas ferramentas potencialmente úteis que os grupos humanos desenvolveram para melhor lidarem com a realidade que os circunda. Entretanto, o discurso científico mostrou-se extremamente poderoso no que se refere à sua capacidade de permitir desenvolver novas ferramentas e moldar o mundo com crescente grau de complexidade e eficácia. De onde vem tal poder?

Em primeiro lugar, as proposições científicas válidas embutem em si mesmas um mecanismo de autocorreção. Uma proposição cientificamente válida é construída de maneira a permitir não sua comprovação, mas sua refutação. É dizer: uma proposição que é formulada de tal forma que nenhum evento possa refutá-la não é cientificamente válida. Ou seja, uma proposição não é cientificamente válida se não possui, em si mesma, os elementos que permitam o seu falseamento pelos fatos.

Tomemos como exemplo o seguinte pensamento bastante difundido em nossos dias: "se você deseja ardentemente alguma coisa, o universo inteiro conspira para que você a obtenha". Note como esta proposição está construída de tal forma que é impossível refutá-la: se você não obtiver aquilo que deseja, pode-se dizer que a proposição é verdadeira, já que isso significaria apenas que ou você não a desejou ardentemente, ou alguém desejou ainda mais ardentemente o contrário. Por outro lado, se você obtiver aquilo que deseja, pode-se dizer também que a proposição é verdadeira, já que você desejou e obteve aquilo que desejava. Tal proposição é, portanto, totalmente desprovida de qualquer validade científica, pois ela não está aberta à refutação pelas evidências.

Compare essa proposição com uma outra: "matéria atrai matéria na razão inversa do quadrado das distâncias e na razão direta de suas massas". Esta é uma proposição científica. O movimento dos planetas em torno do Sol confirma esta proposição quando se percebe que este movimento se dá na forma de elipses. Se o movimento dos planetas não se desse em elipses, a proposição seria refutada pelos eventos. Percebe-se assim que uma proposição cientificamente válida é formulada de tal forma que admita a sua refutação.

Percebe-se imediatamente como seria fácil refutar aquela proposição, caso ela não fosse verdadeira: pode-se imaginar uma série de experimentos baratos, simples de serem realizados, checar seus resultados com a previsão efetuada pela teoria, bem como compará-los com os resultados de esforços de observação em condições diferentes (tais como os dados sobre os movimentos dos planetas, compilados por Tycho Brahe). Caso os experimentos não confirmassem os resultados previstos, a proposição estaria refutada; como os experimentos conduzidos foram congruentes com os resultados previstos, a validade da proposição foi admitida, pelo menos até que se encontrasse uma situação cujos resultados fossem incoerentes com o previsto, e não pudessem ser compatibilizados com o sistema teórico em vigor.

O final do parágrafo anterior traz a segunda condição de validação de uma proposição que se pretenda científica. Para que uma proposição seja cientificamente válida, é preciso não só que ela possa ser refutada, mas que ela não tenha sido ainda refutada. Uma proposição falseável pode ter pretensões de validade científica somente enquanto ela não for refutada. Se ela vier a ser refutada, ainda que tenha tido validade científica durante longo período, essa proposição deixará de tê-la.

Durante quase cem anos, o fenômeno da combustão foi explicado pela proposição de que existiria uma substância de peso negativo, o flogisto, que explicava o fogo e que dava conta da variação de massa que tinha lugar durante a combustão. A realização de experiências em cubas isoladas demonstrou que a proposição da existência do flogisto era falsa e que o processo de combustão era melhor entendido como o de uma oxigenação violenta. Esse é por enquanto o nosso entendimento da combustão.

Essa é a humildade dos cientistas: tudo o que sabemos é que, até agora, nosso conhecimento não foi refutado pelos fatos; ele apenas pode ser — não necessariamente é — verdadeiro.

Essas duas condições — ser falseável e não ter sido ainda refutada — excluem uma série de considerações importantes do campo possível do conhecimento científico. Há um conjunto considerável de problemas que não admite a construção de proposições falseáveis, posto que não há fenômenos que possam negar sua validade.

Talvez o melhor exemplo de um campo que se encontra necessariamente fora do âmbito científico seja o discurso religioso. As proposições "Deus existe" e "Sua palavra nos é revelada na Bíblia" não são passíveis de qualquer teste empírico. Não obstante, exatamente por isso mesmo, o discurso religioso não pode ser considerado como um discurso ilegítimo; ele apenas não é um discurso científico, e nem pode sê-lo. Diante de tais considerações, a ciência como instituição se cala, e os cientistas tomam as suas posições sobre essas considerações individualmente, enquanto seres humanos; o discurso científico em nada poderá ajudá-los — ou atrapalhá-los.

Isso significa que tais considerações estejam totalmente condenadas ao divórcio com relação ao poderoso instrumento que são as ciências? De forma alguma. Embora, para nos mantermos no exemplo, as proposições "Deus existe" e "Sua palavra nos é revelada pela Bíblia" não sejam passíveis de teste empírico, tão logo se assuma seu caráter de axioma não demonstrável, um novo campo de reflexão se abre, inteiramente capaz de absorver contribuições do discurso científico.

A interpretação do significado das palavras, eventos ou narrativas existentes na Bíblia, por exemplo, são inteiramente passíveis de escrutínio, absorvendo contribuições da História, da Antropologia, da Arqueologia, da Filologia, da crítica literária sistemática, da Economia, da Engenharia, da Biologia, dos Estudos Estratégicos e de uma grande quantidade de disciplinas e áreas interdisciplinares cuja enumeração seria, no mínimo, tediosa.

Persiste então o problema de como distinguir o conhecimento científico útil do inútil para os nossos propósitos. Infelizmente, esta resposta só pode ser conhecida *a posteriori*, isto é: mobilizam-se os recursos científicos de uma dada disciplina e se os usam para os propósitos que temos em mente; se ajudarem, ajudaram; se não ajudarem, não ajudaram.

Em função da enorme ineficiência desse procedimento, normalmente o analista recorre às disciplinas cujo uso já se revelou útil nos trabalhos de outros colegas, trabalhos estes que se supõem conhecidos. Daí, incidentalmente, deriva o caráter solidário do trabalho científico. Percebe-se, também, a enorme dificuldade dos trabalhos pioneiros, para com cujos autores um cientista sério estará eternamente em débito.

Por outro lado, pode-se explicar, por esta ineficiência, a tendência à consagração, no interior das disciplinas científicas, do recurso a determinados procedimentos metodológicos em detrimento de outros que, potencialmente, poderiam até se revelar mais úteis que os consagrados. O processo social pelo qual agremiações de cientistas erigem em marcas identitárias um ou mais procedimentos pode ser descrito como o da construção de um modelo geral, que normatiza o agir científico de um determinado grupo por um determinado tempo.

O avanço do conhecimento, quer dizer, a refutação das proposições que instruíam estes procedimentos e a construção de um novo modelo determinam uma situação de enfrentamento entre os cientistas. Formam-se facções que tomam partido, a favor ou contra a norma vigente ou a favor ou contra a nova alternativa, resistindo a ela ou defendendo-a em função de dinâmicas de convicção, sociais, identitárias e de poder. O jogo da CIÊNCIA não é uma brincadeira inocente.

## Arte e CIÊNCIA

Uma discussão recorrente no estudo dos assuntos militares diz respeito ao mito pelo qual existiria uma dicotomia entre arte e ciência no que se refere à guerra. Isto deriva de um entendimento incompleto dos requisitos da ciência e de uma visão romântica do que seja a arte.

A guerra moderna é uma guerra permeada de entendimentos e aplicações baseados em conhecimentos científicos. Um sem-número das realidades e dinâmicas do preparo e emprego da força, na guerra, crise ou paz, se beneficia das contribuições que diversas disciplinas científicas aportam, instruindo a escolha de opções ótimas. Os comandantes que decidirem ignorar as contribuições das ciências devem estar conscientes de que o fazem sob seu inteiro risco e devem estar preparados para arcar com as conseqüências de qualquer resultado desfavorável.

A decisão do comandante de conformar suas ações pelo conhecimento científico ou arriscar-se contra ele é parte de suas prerrogativas. O problema reside em que o responsável pela condução da guerra está diante de uma situação em que não é possível fazer ciência. Ele não dispõe do conhecimento completo dos dispositivos, ações e intenções do inimigo. Qualquer conhecimento prévio sobre o inimigo ou suas intenções é um trunfo que pode ser explorado pelos dois lados: pode-se esperar que o inimigo siga seus procedimentos-padrões; ele pode abandoná-los exatamente por esse motivo. As regularidades que em qualquer campo do conhecimento científico são bases para uma extrapolação generalizante podem, na guerra, ser armadilhas potencialmente fatais deliberadamente construídas pelo inimigo. Nesse sentido, não há ciência possível sobre o comportamento do inimigo; qualquer experiência – ao contrário do que ocorre no conhecimento científico – pode ser uma fonte de erro.

A gestão da guerra ou da crise ocorre, assim, num ambiente em que procedimentos científicos têm um uso muito limitado: nestas circunstâncias, diversas abordagens para a solução de problemas e tomadas de decisão de base científica podem contribuir para a construção de uma percepção qualificada dos dispositivos, ações e intenções do inimigo que oriente a condução da guerra. Neste contexto, é mais adequado falar de procedimentos sistemáticos de tomada de decisão em ambiente de incerteza – heurísticas – que de ciências.

A noção de heurística pertence ao século XX; a de ciência, a algum momento do século XVI, com algumas modificações importantes até o século XX, mas que não alteram suas características básicas. Antes disso, o termo para quaisquer ações no campo bélico era o de "arte da guerra". Este entendimento clássico e medieval de arte não corresponde à ambição do termo "arte" em nosso tempo; é um equívoco potencialmente perigoso querer se atribuir ao arcaísmo "a arte do general" um conteúdo estético, repleto de valorações de gosto, quando o que se deseja é fazer referência à heurística da condução da guerra.

Neste sentido, é preciso vigilância para se distinguir o que é retórica e o que é conhecimento; o que são anacronismos e o que são definições atuais de entendimento da realidade.

## Sobre História Militar

Há pelo menos três pontos que merecem ser considerados por qualquer candidato a estudioso de estratégia no que se refere à História Militar.

O primeiro é a consciência do poder mítico de versões de fatos históricos, isto é, os resultados da reconstrução deliberada — ainda que mesmo inconsciente — dos eventos, de forma a produzir um efeito motivacional ou identitário nos leitores: estórias da História em que todos foram bravos, os planos foram seguidos à risca, a intenção dos comandantes se desdobrou como desejado, ninguém experimentou o medo e todos os que tombaram o fizeram bravamente levando alguns inimigos consigo. É um mundo onde nenhum subordinado jamais gritou com seu superior, e onde nenhum comandante jamais foi incompetente, por assim dizer.

Pode-se dizer que tais narrativas mitológicas se justificam pela necessidade de criação de um espírito de corpo. Podem servir ainda, embora mais limitadamente, para prover elementos motivacionais, de modo a que as novas gerações tenham no passado fontes de inspiração que lhes permitam fazer frente ao terror, medo e desgaste característicos da guerra. Incidentalmente, muitas vezes as narrativas mitológicas são o primeiro contato das novas gerações com o conhecimento histórico da guerra.

O risco é que as narrativas mitológicas se tornem a versão oficial dos fatos, despreparando, na prática, para a realidade caótica, aterrorizante e letal da guerra, abalando a auto-estima dos combatentes ao torná-los ressentidos com sua própria humanidade. Nesse sentido, a narrativa mitológica faz mais mal do que bem. A literatura britânica do século XIX inculcou a idéia de que todos os combatentes eram bravos, nobres, desprendidos, audazes e seus atos eram invariavelmente frutos de decisão deliberada e racional, ampliando o choque da realidade da guerra para toda uma geração, despreparada, por essas narrativas, para o medo, a perfídia, o egoísmo e até mesmo a covardia e falta de propósito com que tiveram de conviver nas trincheiras da I Guerra Mundial.

Como contraste, a literatura norte-americana sobre o Vietnã tem o valor da candura, quando os relatos de batalha admitem e descrevem graficamente o temor com que combatentes enfrentaram a batalha e as formas pelas quais lidaram com a sua própria fraqueza e a de seus camaradas: o elemento que os impelia era a solidariedade para com os companheiros.

Um problema decorrente do poder de narrativas mitológicas que se apresentam como História Militar, de máxima importância para um estudioso, é o da inércia e repetição acrítica dos mitos. Isso ocorre quando historiadores que não conhecem as especificidades dos assuntos militares tomam a fábula pela realidade, deslocando-a de sua função original e edificando-a em História. Nesse sentido, acabam por induzir uma falsa realidade sobre a qual se farão as reflexões acerca dos eventos passados que fundarão as doutrinas e condutas militares futuras.

Desde que Hans Delbrück[5] — o fundador da historiografia militar científica — escreveu a *História da arte da guerra* com o conhecimento das práticas militares do início do século XX, todo estudioso das guerras tem por obrigação e dever de ofício buscar vencer o peso do mito com o apoio do conhecimento das realidades da guerra.

Durante quase cem anos, o entendimento dos desempenhos dos generais Grant e Sherman na Guerra Civil americana esteve preso à percepção impressionista, nascida dos jornais da época, de que suas ações eram desconectadas entre si e que, onde Grant era um carniceiro que sacrificava suas tropas inutilmente no sítio da capital confederada, Sherman era um gênio, que obtinha vitórias apenas pela manobra. Liddell Hart legitimou essa percepção, dando-lhe uma conotação histórica e teórica, ao identificar Grant com o que denominava de "estratégia direta" e Sherman com a "estratégia indireta" — que Liddell Hart julgava ser a forma correta de conduzir a guerra.

Atualmente, sabe-se que Grant e Sherman eram parte de uma mesma estratégia — concebida e conduzida por Grant — em que a ação de fixação das tropas confederadas por Grant tinha por objetivo viabilizar as manobras de Sherman na retaguarda inimiga. Isto expõe a falácia de que um estivesse em desacordo com o outro e desautoriza que se leiam suas ações como independentes uma da outra. A percepção de tal erro acaba por fazer com que se questione a existência mesma de estratégias direta e indireta.

Note-se o caráter pervasivo de uma narrativa mitológica: Liddell Hart não era absolutamente um desconhecedor das especificidades

5. DELBRÜCK, Hans. *History of the Art of War*. (4 vols.). Lincoln (Nebraska), Lincoln University Press, 1975 (vol. I), 1980 (vol. II), 1982 (vol. III), 1985 (vol. IV); ver também CRAIG, Gordon A. "Delbrück: the military historian" in PARET, Peter (org.). *Makers of Modern Strategy*. Princeton, Princeton University Press, 1986, p. 326-53.

militares; ainda assim, sacrificou-as em nome da continuidade de um mito, para sustentar sua argumentação e para não discordar do que já era, em sua época, uma tradição de interpretação daqueles fatos históricos.

Do mesmo modo, algumas narrativas mitológicas da I Guerra Mundial consideram inútil o sacrifício das vidas em ofensivas cujo resultado foi pífio; outras afirmam o caráter subalterno das populações ante o imperativo bélico da "Guerra Total". Pode-se tomar a leitura de Liddell Hart, pela qual um oficialato estúpido, insensível e desumano, resistente a alternativas estratégicas e táticas diferentes das com que havia se habituado, recusou-se a abrir mão do poder de conduzir monopolisticamente a guerra, não hesitando em sacrificar inutilmente milhões de homens em uma busca vã por uma vitória impossível. Deste ponto de vista, qualquer ofensiva — em particular, as ofensivas dos Aliados, para cujo público Liddell Hart está escrevendo — era um desperdício deliberado de vidas, sem qualquer outro propósito que não o da manutenção do prestígio e poder dos altos comandos. Assim, Liddell Hart se concentra nos efeitos sobre as tropas aliadas das ofensivas fracassadas e reconstrói a História da busca de alternativas táticas como sendo um percurso de dissidentes constantemente obstruído por um alto comando fundamentalmente incompetente e mal intencionado.

Ludendorff[6], por seu lado, nega qualquer espaço para a crítica aos atos dos altos comandos, afirmando a prioridade da preparação para a guerra na vida política de qualquer sociedade. O Estado deveria não apenas ponderar a evolução das atividades sociais com suas conseqüências e potenciais bélicos, como também buscar assegurar a mobilização completa de todos os recursos nacionais para fins bélicos. Até mesmo uma religião que ensinasse a obediência completa às necessidades da guerra e que glorificasse o auto-sacrifício passava pela consideração de Ludendorff, que via na ética japonesa do *bushido* um exemplo a ser seguido. Assim, no momento da guerra, o alto comando militar assumia integralmente a gestão de todos os recursos nacionais, condicionando quaisquer iniciativas políticas ao sucesso na guerra e impedindo quaisquer propostas de paz que produzissem uma situação que reduzisse a capacidade de travar outras guerras. Desse ponto de vista, para Luden-

6. SPEIER, Hans. "Ludendorff: the German concept of total war" in EARLE, Edward Meade (org.) *Makers of Modern Strategy*. Princeton, Princeton University Press, 1971 [reimp. da ed. 1943], p.306-21.

dorff, o fracasso das batalhas — e, no limite, a perda da I Guerra Mundial pela Alemanha — resultava de uma fraqueza na mobilização moral de soldados (que não se empenhavam ao máximo), da sociedade (que, no ideário da década de 1920, teria "apunhalado pelas costas" o exército alemão) e dos políticos (que diante do cessar-fogo de 1918 teriam aceitado termos desvantajosos de paz). Desta forma, a crítica à I Guerra Mundial era que a mobilização fora incompleta e o comando militar insuficientemente abrangente.

Contrapondo-se a estas narrativas mitológicas, uma análise da situação com que os altos comandos se confrontaram a partir de 1915 revela que a única frente em que os Aliados — e em menor medida os Alemães — podiam concentrar e sustentar forças em larga escala era a frente ocidental, não havendo espaço para estratégias de ação indireta, tais como preconizadas por Liddell Hart. A ferrovia impunha uma ditadura logística que fazia da França o único ponto em que as forças podiam ser utilizadas.

O impasse tático da I Guerra Mundial e o conseqüente sacrifício das tropas em batalhas de desgaste admite duas leituras marcadamente diversas. Do ponto de vista dos Aliados, a ocupação de parte do território francês pelas tropas alemãs estabelecia a meta imperativa da reconquista deste território. Do ponto de vista das potências centrais, o fracasso do PLANO SCHLIEFFEN em 1914 levantava um dilema estratégico: o adversário mais forte, na frente ocidental, não podia ser facilmente derrotado, apesar de se encontrar na frente onde se podia concentrar mais força; o adversário mais fraco, na frente oriental, era mais fácil de ser vencido, mas impunha a necessidade de retirar forças da frente ocidental, decisão que poria, portanto, o risco de derrota nas duas frentes.

A alternativa de "ação indireta" preconizada por Liddell Hart também não era factível: no momento em que forças aliadas fossem deslocadas para uma ação de maior envergadura contra a Turquia, a partir do Oriente Médio, abria-se a possibilidade de que a Alemanha simplesmente ocupasse a França, ganhando a guerra na frente ocidental, permitindo-lhe concentrar forças contra a Rússia; ou, alternativamente, a frente principal passaria a ser a Turquia, caso as potências centrais resolvessem, ao invés de atacar a França, defender suas posições, neutralizando, assim, o caráter "indireto" preconizado por Liddell Hart e transferindo o impasse das trincheiras para a nova frente principal. Note-se que a dinâmica logística — a vantagem da malha ferroviária na França — fazia com que esta alternativa colocasse os Aliados

## O PLANO SCHLIEFFEN

A partir do momento em que os alemães se viram diante da possibilidade de uma guerra em duas frentes contra França e Rússia, ao final do século XIX, o planejamento de suas alternativas para esta eventualidade teve que considerar as maneiras pelas quais se poderia dar conta desse desafio. Ponderando as diferenças na velocidade da mobilização e da extensão dos territórios francês e russo, os alemães se inclinaram à busca de uma vitória rápida e decisiva contra a França para, em seguida, redirecionar suas forças, concentrando-as contra os russos.

O plano alemão visava a dar conta de uma guerra em duas frentes a que a Alemanha estaria sujeita pela sua posição geográfica. O então chefe do Estado-Maior Geral alemão, Schlieffen, optou por tentar vencer rapidamente a França para, em seguida, voltar-se contra a Rússia. Uma vitória rápida contra a França parecia impossível ao longo da pequena fronteira franco-alemã. Assim, Schlieffen decidiu-se por um ataque diversionário na fronteira franco-alemã, enquanto concentrava o grosso de suas forças mais ao norte, para atacar a França através da Bélgica e da Holanda, violando suas neutralidades. Com isto, pretendia contornar os exércitos franceses, conduzindo suas forças num grande arco que envolveria Paris, a fim de tomá-la num ataque devastador pelas costas do exército francês. Obtida a vitória contra a França, Schlieffen rapidamente deslocaria forças para enfrentar os russos na frente oriental.

Durante muito tempo o Plano Schlieffen foi considerado uma obra-prima de estratégia, que teria sido, segundo a versão dominante, desvirtuado pela fraqueza de Helmut von Moltke, chefe do Estado-Maior alemão quando do início da I Guerra Mundial e sobrinho do grande general da guerra de 1870-1871. Daí, portanto, segundo esses autores, viria seu fracasso. Martin van Creveld mostrou que não era bem assim[7]. O tempo previsto por Schlieffen para execução do plano era quarenta e dois dias, o que implicava marchas extremamente forçadas, além do problema logístico de transporte e suprimento da força. Como todos os oponentes na I Guerra acreditavam que ela teria curta duração, o principal ponto considerado no abastecimento das tropas era alimento para os soldados e, principalmente, forragem para os cavalos. O problema da

7. Van Creveld, Martin. *Supplying War: Logistics from Wallenstein to Patton*. Cambridge, Cambridge University Press, 1977, p.113-22.

munição era considerado desprezível. Segundo Creveld, tudo indica que o suprimento em geral era portanto desconsiderado por Schlieffen, que consideraria, contra a tendência da época, que as tropas poderiam se abastecer a partir do que encontrassem no seu avanço. Não obstante, o plano não incluía uma avaliação realista do que poderiam encontrar, ou mesmo o estabelecimento de uma época adequada para as hostilidades. Além disso, a Alemanha simplesmente não dispunha do número de divisões que o Plano Schlieffen previa.

Em 1906, Schlieffen se aposenta e é substituído por Helmut von Moltke, o jovem. Apenas um mês depois da sua posse, é realizado o primeiro estudo sério dos requisitos logísticos do Plano Schlieffen, que conclui pela sua inviabilidade, tal como formulado. Não haveria tempo para a organização de um esquema para suprir as tropas a partir da Bélgica e da França, o que implicaria que tudo dependeria das ferrovias; ora, a Alemanha teria então um sério problema se estas fossem, como se calculava, destruídas. Os cavalos simplesmente não conseguiriam, por sua vez, acompanhar a velocidade do deslocamento das tropas. A principal alternativa era a motorização, que o Estado-Maior, corretamente, julgou fora do horizonte por um longo período de tempo. A forma final do Plano Schlieffen dependia de uma obediência perfeita ao cronograma de mobilização e ataque, para o qual se alocavam, como já referido, quarenta e dois dias.

A conclusão de Creveld é que, na verdade, o surpreendente não é que Moltke tenha alterado tanto o plano; é simplesmente que ele ainda tenha mantido as suas linhas gerais.

As principais modificações introduzidas por Moltke foram as seguintes: em primeiro lugar, decidiu não violar a neutralidade holandesa, o que diminuía consideravelmente as tropas inimigas, mas reduzia o espaço para movimentação das tropas alemãs, tornando-as mais vulneráveis a um ataque pelo flanco; em segundo lugar, reduziu dos dezesseis originais para doze o número de corpos de exército a serem empregados na operação. Por essa modificação, Moltke foi muito criticado, pois teria anulado o suposto caráter genial do Plano Schlieffen. Cabe aqui, portanto, transcrever a avaliação de Creveld:

"Entretanto, a modificação era mais aparente que real. Primeiramente, a decisão de respeitar a neutralidade da Holanda tornou desnecessário alocar quaisquer tropas para conter os holandeses, cujo exército, somando aproximadamente 90.000 homens, era tido em alta conta pelos alemães – mais, até, do que o belga – e teria exigido pelo menos dois corpos. Em segundo lugar, Schlieffen pretendia empregar não menos que cinco corpos para investir contra Antuérpia, o que seu sucessor conseguiu com apenas dois. Embora seja, de qualquer forma, verdadeiro que a ala direita de Moltke não era tão forte quanto Schlieffen planejara, essa perda foi mais que compensada pela economia advinda de suas modificações no plano."[8]

A amplitude e a ambição do plano original seduziram muitos analistas, tão cegos quanto Schlieffen à sua inviabilidade logística e às suas conseqüências políticas. Estes analistas foram encontrar em decisões pontuais razões para o insucesso desta grande ofensiva e, portanto, para o próprio desenrolar da I Guerra Mundial. O fascínio que o Plano Schlieffen, na sua versão original, gerou talvez resulte de sua glorificação da ação ousada e ofensiva, com grandes manobras, desconsiderando os problemas concretos envolvidos na sua execução.

diante de uma situação em que buscariam enfrentar um exército abastecido por ferrovias diretamente ligadas aos seus centros de suprimentos e reforços com um exército que dependeria de abastecimento pelo mar, restrito pela disponibilidade de portos e estradas em território inimigo; ainda que estas restrições viessem a ser vencidas, restaria o gargalo do transporte terrestre por via de cavalos ou mulas, contra um inimigo abastecido por ferrovias. Do ponto de vista aliado, a solução de Liddell Hart implicava uma situação logística infinitamente mais desvantajosa do que a da luta na França, além de permitir às potências centrais a escolha de onde concentrariam suas forças: se na França, se na Rússia, se na Turquia. Desta forma, as sucessivas ofensivas dos Aliados na frente ocidental ganham uma lógica que não foi percebida por Liddell Hart. A alternativa a não atacar era aceitar a posse alemã do território francês ocupado e a viabilização do deslocamento de forças alemãs para o ataque contra a Rússia, estabilizando a frente ocidental e permitindo aos alemães concentrar sobre esta, posteriormente, o conjunto de suas forças.

8. Van Creveld, *Supplying War*, p.121.

O fato simples era que se instaurara uma vantagem quase que absoluta da defesa, incompatível com a suposição das vantagens intrínsecas da ofensiva, então predominante. As raízes desta vantagem da defesa eram três. Primeiro, a combinação de artilharia de tiro rápido, metralhadoras e infantaria em trincheiras detinha as vantagens das armas combinadas e do $C^3IC$[9] do telefone e do telégrafo contra uma infantaria que avançava quase que sozinha contra suas posições, restrita em seu contato com a retaguarda a mensageiros e ao alcance dos sentidos humanos. A densidade de tropas impossibilitava o flanqueamento das posições inimigas: restava o assalto frontal. Segundo, a defesa podia utilizar-se de estradas e ferrovias para abastecer e reforçar qualquer ponto da linha sob ataque, de maneira mais eficiente, eficaz e controlada que qualquer atacante que tivesse que cruzar a devastada terra-de-ninguém. Terceiro, sem meios de comunicação ou vínculos de reabastecimento desde a retaguarda, mesmo os eventuais ataques bem-sucedidos não tinham como comunicar o seu êxito, solicitar ou obter reforços e, assim, permitir a exploração de suas vitórias locais. A incipiente aviação militar reportava quaisquer movimentos em larga escala (impedindo uma concentração de surpresa) e eventualmente passou a guiar o fogo contra qualquer concentração de maior porte ao alcance dos canhões. Tudo isto dava tempo para que se armassem mais e mais exércitos, tornando a vitória ainda mais distante. E, acima de tudo, os altos comandos não souberam dar solução ao impasse conceitual que esta situação produzira. Ao desencadearem suas ofensivas, viviam um processo de aprendizado numa guerra para a qual não haviam se preparado e cujas realidades não se encaixavam em seus esquemas mentais. Assim, as formaturas compactas de parada, tradições marciais da era napoleônica, foram mantidas como formações de ataque, produzindo um número estarrecedor de baixas contra o poder

---

9. Por $C^3IC$ (Comando, Controle, Comunicação, Inteligência e Computação) entende-se a estrutura e os procedimentos pelos quais informação e decisão fluem na organização militar: *Comando* e *Controle* dizem respeito às possibilidades de dar ordens e saber do estado e localização de subordinados; *Comunicação* diz respeito à forma pela qual se estabelecem as comunicações entre as diversas partes de uma força; *Inteligência* diz respeito ao levantamento e avaliação das possibilidades, localização, estado e intenções das forças inimigas e o ocultamento destas mesmas variáveis aos olhos inimigos; *Computação*, finalmente, diz respeito a sistemas e procedimentos — desde o Estado-Maior até os modernos sistemas *expert* de processamento digital de dados — que viabilizam a operação do $C^3I$ em tempo hábil para produzir vitória.

de fogo do inimigo. Com seus postos de comando distantes da frente e alienados da realidade tática mais imediata, os altos comandos se aferraram a seus hábitos mentais, persistindo no uso de formações e técnicas de combate obsoletas, mesmo diante de resultados desastrosos. É importante destacar que muitos oficiais percebiam o problema e que, de fato, existia uma enorme dificuldade no acesso das críticas e sugestões aos mais altos escalões decisórios. Diversas alternativas relativamente simples foram proibidas e mesmo reprimidas em nome de concepções e planejamentos que priorizavam a continuidade de esquemas mentais falhos e que só foram muito lentamente questionados; o ataque noturno, por exemplo, só foi tentado pelas tropas britânicas em 1918, vencendo a suspeita que os altos comandos tinham de que, em ataques noturnos, as tropas se esconderiam ao invés de atacar.

Um segundo ponto que deve ser considerado diz respeito à utilidade da História Militar que não é uma narrativa mitológica; da História Militar científica, que compõe o acervo de nosso saber sobre as guerras do passado e dá base às nossas preparações do presente, instruindo ainda a nossa reflexão sobre o futuro.

Há dois aspectos que devem ser vistos aqui. O primeiro trata da história enquanto educação pessoal, ou seja, a construção de um conhecimento do que sejam a sociedade e a vida humana; o segundo destaca o fato de que as guerras, não importa em que época, têm mais em comum entre si do que com qualquer outra atividade humana. Nesse sentido, o estudo da História Militar pode oferecer um universo de conhecimentos que permitirão analisar e conduzir melhor as guerras e as operações militares do presente e do futuro.

O primeiro aspecto relembra que a administração militar ocupa de tal forma o tempo e a vida do oficial, e a rotina acadêmica a do estudioso, que o preparo e o estudo da guerra, centro nominal das preocupações, pode ser deixado de lado; isto faz com que o estudo da História Militar seja uma maneira de manter-se um foco pessoal sobre o centro das preocupações e seja o espaço para se exercitarem os raciocínios que a guerra exige. O segundo aspecto questiona o entendimento falsamente pragmático, na consideração e no desenho de alternativas militares no presente, que reifica o atual e nega o valor do passado, perdendo de vista que o fato de que o combater é o elemento central da guerra não se modificou ao longo da história.

O primeiro aspecto faz com que a educação militar e a educação para os Estudos Estratégicos tenham por base um conhecimento da História Militar que ultrapasse a tradição e as narrativas mitológicas, identificando-as pelo que são. O segundo aspecto liberta esta reflexão de um encaixe temporal que privilegia o passado recente e o presente, convidando tanto ao estudo do acervo da guerra humana quanto ao partilhar das especulações sobre o seu futuro.

Num sentido mais amplo, um e outro aspecto iluminam a necessidade e o rigor que qualquer estudioso deve ter ao se voltar para a História Militar e convidam a participar das considerações sobre as formas adequadas de fazê-lo.

### O ESPECTRO DOS CONFLITOS

Uma ambição recorrente no campo dos Estudos Estratégicos tem sido a idéia de que seria possível, pelo estudo de todo o acervo da História Militar e das possibilidades do recurso à força, compor um "espectro do conflito", por analogia ao espectro cromático. Esta seria uma gradação de formas de emprego da força, que vão desde formas não-violentas de conflito, como protestos e demonstrações de força, ao longo de um contínuo de atividades crescentemente violentas, cujo ápice é o disparo total (e descontrolado) dos arsenais nucleares: o espasmo nuclear.

Em sua versão mais conhecida, o espectro dos conflitos distinguiria basicamente cinco divisórias, que assinalam mudanças qualitativas com relação à força: a dos conflitos observáveis (que marca o início do espectro), a do emprego da violência, a das hostilidades abertas, a do emprego de armas atômicas e a do disparo total dos arsenais nucleares. Cada um dos "campos de conflito" entre estas divisórias se encontraria repartido em maior detalhe. Diversas tipologias agregadas de ações de enfrentamento deixariam de lado uma ou mais destas divisórias, visando a caracterizar os "tipos de enfrentamento" – guerra interna, guerra de guerrilhas, guerra convencional limitada, guerra generalizada etc. – adequados.

A noção de espectro de conflitos concebe um contínuo de ações violentas hierarquizadas, desde a oposição verbal de vontades até o holocausto nuclear. É muito utilizado em escolas de estudos militares e como referência de reflexão, marcando passos numa escalada de ação e reação que raramente admite um retrocesso. É uma ferramenta enganosa.

Embora *pareça ser* uma taxonomia do conflito, é apenas uma categorização de formas de ação conflitivas para propósitos principalmente administrativos: identificar e designar organizações responsáveis. Os Estados Unidos, por exemplo, empregam o espectro dos conflitos como guia para a gerência do empenho e formas de ação nos conflitos em que esteve ou pôde estar envolvido desde 1945. Entretanto, o espectro dos conflitos assim definido não serve para esclarecer ou iluminar a natureza dos conflitos nem determinar a sua tipologia; serve apenas para identificá-los. Serve para agrupar as atividades esperadas num determinado patamar arbitrário de enfrentamento. Serve para delimitar esferas de ação burocrática e identificar graus de engajamento e comprometimento de forças. As diversas nuances da guerra nuclear são o melhor exemplo da arbitrariedade deste discurso: gradações de um conflito que nunca existiu senão nos documentos militares oficiais reservados, mas que têm o mesmo tratamento e detalhamento de formas de enfrentamento tão historicamente freqüentes quanto a guerra de guerrilhas.

Esta categorização é incapaz de auxiliar a compreensão das razões pelas quais os conflitos tomam determinado formato. No limite, o espectro dos conflitos apresenta-se como resultado de uma pretensa observação de fatos: informando-se apenas a partir de atos de vontade ou de fortuna, independentemente das forças e razões envolvidas. Apesar disso, é uma forma muito comum de classificação dos conflitos, especialmente entre estrategistas.

O terceiro ponto trata da forma adequada pela qual a História Militar deve ser tratada por um estudioso de estratégia. Nas palavras do professor Michael Howard[10], *Regius Professor* de História Militar em Oxford, o estudo da História Militar deve possuir abrangência, profundidade e ser contextualizado. Por abrangência, entenda-se a observação das possibilidades e variações das formas de guerrear ao longo de toda a história; só assim podemos entender quais foram elas efetivamente e o que significaram as mudanças e as continuidades. Por profundidade entende-se o estudo e análise detalhados de campanhas históricas específicas, indo além dos registros estritamente historiográficos em busca daqueles elementos pessoais e circunstanciais que conferem unicidade e humanidade àquela campanha específica. Finalmente, por contextualização, deve-se entender a busca deliberada e

10. HOWARD, Michael. "The use and abuse of military history" in *The Causes of War and Other Essays*. Londres, Counterpoint, 1983, p.208-17.

consciente de relacionar as campanhas estudadas com todo o contexto histórico que lhe é pertinente, iluminando a vinculação e as formas de relação entre a vida destas sociedades no momento da guerra e os rumos do CONFLITO decorrentes das peculiaridades desta vida.

Esses três pontos tratados acima nos lembram da importância de não se querer buscar no estudo da história lições prontas ou receitas que pudessem resolver problemas concretos e presentes; antes, devemos buscar a iluminação do entendimento das realidades, circunstâncias e relacionamentos ligados aos Estudos Estratégicos.

## A História Militar nos Estudos Estratégicos

Os Estudos Estratégicos observam a realidade histórica a partir de diversos pontos de vista, buscando recortar os fatos e eventos por ela apresentados com uma variedade de ferramentas, de maneira a poder explicar, modelar e/ou analisar o fenômeno bélico. Nesse sentido, a aplicação de ferramentas quantitativas e qualitativas tem um papel destacado na forma como os Estudos Estratégicos *percebem, relatam e usam* a História Militar. O uso dessas ferramentas pode ser ilustrado por breves exemplos históricos.

O uso da matemática e da ciência para a análise e melhoria do desempenho bélico tem uma história curiosa que mostra como narrativas mitológicas podem obstruir o processo racional de análise e interpretação do fenômeno bélico. De fato, o ideal homérico que herdamos dos gregos repudia as armas de combate à distância (por serem consideradas covardes) e todo tipo de artifício combativo como sendo inerentemente desonroso, tradição esta que instruía o combate dos cavaleiros medievais em condição de estrita igualdade e que ainda encontra resquícios numa ética militar que pretende combater "de forma justa".

Nesse contexto, o uso de ferramentas matemáticas para compreender a dinâmica conflitiva e auferir vantagens percebidas como injustas e ilícitas sempre enfrentou resistência. A própria artilharia, cujo desenvolvimento dependia de um processo científico de modelagens, projetos, construção, experimentação e revisão dos modelos, acabou discriminada como uma arma suja e covarde, repudiada pela nobreza, e que só veio a ser formalmente incorporada às forças armadas no início do século XIX, por Napoleão.

Um excelente exemplo de resistência cultural a um armamento poderoso é dado pelas dificuldades que o arco enfrentou na antiguidade grega e no mundo medieval. Ao contrário do que freqüentemente se admite, o arco longo inglês — o famoso arco do lendário Robin Hood — só é comparável, em termos de letalidade, aos canhões modernos desenhados por Vacquette de Gribeauval[11] em meados do século XVIII. Esta percepção não é evidenciável pela literatura da época, convicta de que as batalhas e guerras não podiam ser ganhas por meros arqueiros, e que reconstruiu a dinâmica combativa em torno dos cavaleiros e do embate físico e direto com armas brancas.

Talvez as coisas tivessem permanecido assim, não fosse o trabalho de Trevor N. Dupuy[12], já no final da década de 70, que, buscando bases quantitativas para uma teoria do combate, formulou um índice de letalidade, de forma a poder fazer análises comparativas dos diversos armamentos ao longo da história. A meta pretendida por Dupuy era a confecção de um modelo representativo dos combates que permitisse prever o resultado de engajamentos e criasse base para um jogo de guerra fidedigno, capaz de instruir a produção de vantagens combativas para a OTAN. Neste processo, porém, Dupuy revelou a dinâmica de armamentos da maior parte da história, o que permitiu perceber que o arco longo inglês era o armamento mais letal da Idade Média.

Esta descoberta, nascida de um esforço científico de modelagem, forçou a uma reconsideração de toda a historiografia da época e questiona o entendimento do papel secundário atribuído aos arqueiros nas narrativas mitológicas medievais, fazendo com que Crécy, Poitier e Agincourt — batalhas travadas entre a França e a Inglaterra durante a Guerra dos Cem Anos —, em que os arqueiros ingleses foram decisivos, passassem a ser vistas como a regra e não como sempre foram representadas, como as exceções.

Um outro exemplo do resultado de aplicações de métodos quantitativos com base na História Militar, típica dos Estudos Estratégicos, diz respeito ao mundo naval do tempo da vela. Durante as Guerras

---

11. Ver McNeill, William H. *The Pursuit of Power: technology, armed forces and society since 1000 AD*. Chicago, The University of Chicago Press, 1982, p.170-74.

12. Dupuy, Trevor N. *Numbers, Predictions and War: the use of history to evaluate and predict the outcome of armed conflict*. Edição revista, ed. Fairfax, Virgínia, Hero Books, 1977. O argumento é desdobrado e inserido na ambição de uma teoria do combate em *Understanding War: history and theory of combat*. Nova York, Paragon House Publishers, 1987.

Napoleônicas, mais de um capitão da Marinha Real foi elevado ao grau de cavaleiro por derrotar em batalha, com um navio de 74 canhões, um navio francês de 98 canhões. Aos olhos da época, tratava-se de um feito heróico, uma vitória contra um inimigo superior, em que os britânicos estariam inferiorizados na razão direta do número de canhões: 74 contra 98, ou seja 74:98, que equivale a 1:1,32.

No início do século XX, o engenheiro F.W. Lanchester[13] formulou uma das mais frutíferas tentativas de quantificação do combate — as equações diferenciais de Lanchester — que revelaram a real dinâmica desses enfrentamentos. No caso, por exemplo, da dinâmica interativa entre os navios britânicos e franceses citados acima, uma primeira consideração indica que os canhões em confronto direto eram 36 britânicos (aqueles que compõem a bordada de um navio de 74 canhões, subtraídos os dois canhões da proa) contra apenas 45 canhões franceses (também divididos em bordada e subtraídos os dois canhões de proa e os seis de popa que eram característicos da construção naval francesa). Com essa ponderação, a relação inicial de 74:98 já se modificou para 36:45 (1:1,25).

A isto, haveria que considerar ainda que os britânicos tinham melhor desempenho no manejo dos seus canhões do que os franceses, atirando três vezes no mesmo tempo em que os franceses poderiam esperar ter efetuado dois disparos. Aqui já se vê que a relação concreta de poder de fogo, supondo uma equivalência de precisão de tiro, altera a relação inicial de 36:45 para 108:90 (1,2:1), invertendo a percepção de superioridade inicial.

Além disso, o contexto estratégico de britânicos e franceses era diferente: aos britânicos interessava destruir os navios franceses, o que os orientava a atirar contra os costados, neutralizando, incidentalmente, desde o primeiro disparo, alguns dos canhões franceses; aos franceses interessava preservar seus navios, o que os levava a privilegiar a sua capacidade de evadir o combate em detrimento da neutralização dos navios britânicos. Como resultado, os primeiros disparos franceses visavam ao velame britânico, na esperança de inviabilizar a continuidade da perseguição por parte dos navios britânicos. Quando o velame britânico era suficientemente danificado pelo fogo francês, o navio britânico ficava mais lento e menos manobrável; o navio francês podia

13. LANCHESTER, F.W. *Aircraft in Warfare: the Dawn of the Forth Arm.* Sunny Valey, Califórnia, Lanchester Press Inc, 1995 [1916].

romper contato e, em obediência à sua estratégia, voltar a constituir-se numa ameaça à navegação britânica. Neste caso, não havia batalha heróica.

Mas, se o fogo francês contra o velame não fosse efetivo, então a batalha prosseguia. Nesse caso, enquanto os franceses atiravam no velame britânico, os britânicos, que desde o início atiravam contra os costados franceses e, portanto, contra os canhões, tinham obtido a vantagem de terem silenciado alguns dos canhões franceses, aumentando ainda mais a sua margem de superioridade.

Além disso, os britânicos tinham capacidade de reparar ou remanejar os canhões avariados a uma taxa muito superior à dos franceses; há, mesmo, os que acreditam que os franceses não remanejavam canhões de um bordo para outro, preferindo preservar uma bordada intacta (a do lado oposto ao bordo do combate) para manter uma opção combatente disponível, caso a situação tática evoluísse, colocando-o em uma posição em que esta pudesse ser explorada.

Se modelarmos a situação destes padrões de engajamento a partir das equações diferenciais de Lanchester, perceberemos que, em função da lei quadrática — que trata a comparação de poderes combatentes como decorrente da relação entre os quadrados do número de canhões —, ponderada apenas a rapidez de tiro, a vantagem relativa inicial, que era de 74:98 a favor dos franceses, seria alterada para $108^2:90^2$, é dizer 1,44:1 a favor dos britânicos. Ponderada a capacidade de reparo em ambos os lados, esta relação favorece ainda mais os britânicos, que mantêm seus 36 canhões em operação contra um número decrescente de canhões franceses, o que resulta que ao longo do engajamento a superioridade britânica cresce incessantemente, e é possível calcular que, supondo que os britânicos reponham um canhão destruído no tempo de três salvas — enquanto os franceses não repõem os canhões destruídos —, então a situação percebida originalmente como uma inferioridade britânica de 1:1,32 revela-se na verdade como uma superioridade de 2,42:1. Imagine-se apenas se, durante as primeiras salvas, em que os franceses visavam ao velame, os britânicos pudessem destruir alguns dos canhões franceses, iniciando o combate com 36 canhões contra 40,35,30... canhões franceses.

Perceba-se como uma análise desse tipo vai contra narrativas mitológicas tradicionais — que reduzem a comparação dos poderes combatentes à mera contagem dos canhões existentes — e mesmo contra a auto-estima corporativa de uma oficialidade que resiste a que páginas de glória de sua história, idealizadas como heróicas, sejam reveladas como sendo simples gestão adequada de recursos superiores e sorte, a de não ter perdido o velame.

Esta análise não esgota o estudo da dinâmica dos enfrentamentos navais do período da vela. Entretanto, por si só, introduz uma sofisticação que derruba o fundamento das narrativas mitológicas tradicionais, forçando um entendimento racionalmente instruído das dinâmicas táticas e mostrando que, ao contrário do entendimento tradicional, cada navio britânico combatia com superioridade em relação aos franceses.

Perceba-se, também, que foi a narrativa mitológica tradicional, e não um entendimento racionalmente instruído, que orientou todo o projeto de forças navais do final do século XIX e início do século XX, induzindo à conclusão errônea — apesar de referenciada em fatos históricos não adequadamente tratados com as ferramentas analíticas apropriadas — de que um número maior de canhões, e portanto, grandes navios, era a chave do sucesso em combate, desprezando as dinâmicas do poder de fogo taticamente utilizável, da sustentação da capacidade de fogo e, mesmo, o ambiente tático-estratégico onde essas forças se inseriam. Note-se, ainda, a pertinência de um estudo abrangente, profundo e contextualizado da História Militar para uma atividade tão eminentemente pragmática quanto o projeto de forças e os riscos decorrentes de leituras acríticas de narrativas mitológicas dos eventos históricos.

Um terceiro exemplo, que trata da experiência britânica no combate anti-submarino nas I e II Guerras Mundiais, evidenciou a importância do constante questionamento de práticas e costumes estabelecidos bem como a do uso de ferramentas adequadas. Esta experiência ilumina a necessidade de que mesmo conhecimentos científicos acumulados e experiências obtidas no combate sejam objeto de análise e reflexão constante. É oportuno lembrar que o que estava em jogo era a própria sobrevivência da Grã-Bretanha: seu modo de vida, seu império e Commonwealth; não cabe, conseqüentemente, duvidar do empenho com que as ações foram conduzidas.

Os estados-maiores da Marinha Britânica permitiram que o acervo de experiências e saberes da I Guerra Mundial fosse desprezado durante as décadas de 20 e 30 e na gestão da luta anti-submarino nos primeiros anos da II Guerra Mundial. Desafia a credibilidade, mas é fato, que um Almirantado que passara pelos anos sombrios de 1916 e 1917 deixasse que o projeto de forças da Marinha Real sacrificasse os números de destróieres e cruzadores, que o seu entendimento da guerra anti-submarinos da I Guerra Mundial considerava necessários à defesa do tráfego marítimo britânico. Mais ainda, que, complacentemente, não buscassem atualizar meios e técnicas anti-submarinos que eram sinônimos da própria sobrevivência britânica, preferindo manter, prioritariamente, uma frota de encouraçados cujo valor, na esteira da Batalha da Jutlândia (1916), já se evidenciava dúbio.

Os alemães não cometeram o mesmo erro e, a partir das lições da luta anti-submarinos da I Guerra Mundial, desenvolveram uma nova forma de empregar os submarinos e os novos submarinos adequados a estas táticas. Assim, diante da guerra, o Almirantado britânico se viu diante da situação em que o simples resgate das técnicas e táticas passadas não era mais suficiente.

A importância da Batalha do Atlântico produziu uma solução organizacional tipicamente britânica, onde Churchill, Primeiro-Ministro e Ministro da Guerra, chefiava, pessoalmente, o Comitê de Luta Anti-submarino. Este comitê incorporou os recursos científicos britânicos não mais apenas no aperfeiçoamento dos armamentos mas, de forma imprecedente e mesmo revolucionária, também no aperfeiçoamento da forma de lutar. Isso evidencia a abrangência e a profundidade da resposta britânica — na forma de novas organizações e processos — a um desafio tático alemão no momento em que a Grã-Bretanha lutava sozinha.

Esta decisão britânica foi crucial porque levou conhecimento científico civil ao que sempre se havia considerado um monopólio da instituição militar: a definição mesma dos meios e formas do combate durante uma guerra. A pesquisa operacional — como se denominou este emprego de técnicas científicas à crítica e ao aperfeiçoamento das atividades bélicas — revelou-se uma contribuição decisiva para a vitória aliada na II Guerra Mundial. O que a pesquisa operacional fazia era sistematizar de forma crítica a dinâmica de enfrentamentos, utilizando-se de ferramentas científicas para depurá-los e otimizá-los. O respaldo político foi crucial para que os resultados acadêmicos pudessem ser contrapostos a práticas militares dogmaticamente estabelecidas; o sucesso da maior parte destes resultados criou uma forte ligação entre forças armadas modernas e ferramentas de análise científica, que segue conosco até o presente.

Alguns exemplos demonstram o conteúdo desses resultados. Os sonares britânicos dos primeiros anos da II Guerra Mundial tinham um problema técnico que os impedia de manter contato com submarinos aquém de uma certa distância. Como resultado, no momento do ataque o destróier perdia contato com seu alvo. Qual o melhor procedimento para readquirir contato após o ataque? A solução dos cientistas foi o desenvolvimento de um conjunto de curvas-padrão de busca, que levavam em conta, entre outros fatores, a velocidade e a curva-de-giro do destróier, a velocidade e a curva-de-giro estimada do submarino, o estado do mar e o ângulo do alvo, de forma a instruir novos rumos e velocidades ótimos para reaquisição do contato. Além disso, os cientistas foram essenciais para a identificação de procedimentos operacionais que, apesar de intuitivamente simples, eram desconsiderados pela maioria dos comandantes, levando à sua padronização.

Outro exemplo importante do emprego da pesquisa operacional foi a definição da geometria do comboio e da disposição ótima dos seus escoltas, de modo a otimizar padrões de busca anti-submarino e tempo de resposta, permitindo, pela primeira vez, o planejamento em bases científicas dos requisitos de número, capacidade e velocidade do conjunto suficiente de escoltas para comboios de diversos tamanhos.

A pesquisa operacional não se limitou a proposições de novos procedimentos, técnicas ou meios; muito de sua contribuição foi, simplesmente, a de relatar aos comandos o resultado do estudo sistemático e crítico dos dados e eventos. Um excelente exemplo das vantagens deste ponto de vista afastado e cientificamente instruído foi a percepção de que nenhum comboio escoltado por balões (*blimp*) jamais fora atacado com sucesso por submarinos. Este entendimento permitiu redimensionar o número de escoltas de superfície em comboios sob proteção de balões e utilizar o excedente para outros papéis; orientou o emprego dos balões prioritariamente para a luta anti-submarinos, retirando-os de outras funções que contribuíam menos expressivamente para o esforço de guerra; como resultado, a combinação de balões de escolta e comboios acabou por levar à inviabilização da operação de submarinos alemães na costa leste dos Estados Unidos já no final de 1943.

Se por um lado há evidências de acerto no emprego da pesquisa operacional, por outro há exemplos de uso inadequado redundando em erro. A Guerra do Vietnã demonstrou como o afã do uso sem o devido rigor científico de técnicas bem-sucedidas podia resultar em desastres e mesmo em tragédias. O caráter caótico e imprevisível da guerra frustrou diversas iniciativas que "no laboratório" e "por bom senso" deveriam ser bem-sucedidas. O fascinío com as possibilidades matemáticas, em particular com o entendimento equivocado de que a verdade estatística poderia ser de mais valia que entendimentos e percepções diretas dos comandantes na cena de ação, levou ao que já se denominou de "guerra de controle remoto". O Vietnã exemplifica esse fato pela tentativa dos *whiz kids* (meninos-prodígios), sob a orientação de MacNamara, de conduzir a guerra a partir de Washington, inclusive indicando os alvos a serem batidos, entendendo o conflito como um sistema redutível à evolução de expressões quantitativas. A contagem de corpos (*body count*) pode ser tomada como a essência e o símbolo desta abordagem.

A lógica do *body count* era que, conquanto o número de vietcongs mortos fosse compatível com as taxas agregadas que se presumiam suficientes para produzir a vitória, tudo ia bem. De fato, porém, tudo ia mal: por um lado, os tenentes e capitães tinham grande dificuldade em cumprir as cotas de vietcongs que lhes cabiam, acabando por se tornarem cúmplices de práticas que contabilizavam vietnamitas como vietcongs e mesmo a corrigirem os números concretamente disponíveis por diversos fatores que multiplicavam os corpos encontrados de forma a atenderem às suas cotas; por outro, apesar da aparência de rigor matemático e teórico desta abordagem, ela ignorava elementos básicos da teoria da guerrilha, tal como formulada havia mais de 50 anos por T.E. Lawrence[14] (mais conhecido como Lawrence da Arábia), um dos primeiros teóricos a formulá-la.

É, uma vez mais, perturbador que um estado-maior tão bem informado como o americano pudesse se deixar enganar pela própria idéia de que a contagem de cadáveres pudesse medir o sucesso ou fracasso, vitória ou derrota em uma guerra de guerrilha. Pelo menos desde Lawrence, sabia-se que as guerrilhas têm escassez não de pessoas, mas de armamentos e informações (inteligência). Assim, no emaranhado de técnicas e tentativas de cientificização da guerra, havia se perdido exatamente o fio dos Estudos Estratégicos, que dava sentido a todos os outros esforços. Deixou-se que a ferramenta matemática suplantasse a perspectiva interdisciplinar que a guiava.

Essa exposição não só convida ao questionamento crítico da História Militar; convida também ao exercício do questionamento crítico como uma prática fundamental e cotidiana dos Estudos Estratégicos, argüindo contra a complacência para com entendimentos estabelecidos: sejam narrativas mitológicas, estudos científicos, ou guias de estudos de estratégia.

---

14. LAWRENCE, T.E. *Os sete pilares da sabedoria*. Rio de Janeiro, Record, 1983. em especial cap.XXXIII.

Nesse sentido, fica clara a necessidade de estudos abrangentes, profundos e contextualizados também de nossa própria História Militar: por exemplo, de episódios como a especificação, construção e emprego de navios pelo Arsenal de Marinha na Guerra do Paraguai, ou o desempenho e aprendizado decorrente da participação da FEB na Campanha da Itália, ou a evolução da estrutura dos esquadrões da Força Aérea Brasileira, e dos percursos que se estendem até o presente e se projetam no futuro da evolução dos assuntos de defesa no Brasil.

A dinâmica interativa das atividades humanas na guerra possui especificidades irredutíveis ou mesmo inexprimíveis em cifras, o que expõe os limites intrínsecos a todos os métodos quantitativos de análise. Nesse sentido, o mapeamento das estruturas mentais que orientam o processo de tomada de decisão nas guerras, nas CRISES ou na paz, enquanto atividade inerente aos Estudos Estratégicos, exige o apoio de outras ferramentas oriundas de várias áreas de conhecimento.

Assim, na gestão de crises, por exemplo, o conhecimento das imagens mentais que instrumentalizam a percepção dos atores, orientam os critérios de suas decisões e determinam as formas pelas quais a percepção e ação são valoradas para o alcance de determinados propósitos admite análise e modelagem desde uma variedade de contribuições das ciências psicológicas e sociais. Não se deve desprezar o valor destas estruturas mentais pela sua aparente simplicidade: a operação de modelos de causalidade de caráter pessoal (o ditador que quer armas proscritas ou a guerra), doméstico (as ações externas determinadas por razões intra-Estado), do equilíbrio de poder internacional (dinâmica das relações entre os Estados) ou do funcionamento de dinâmicas demográficas e históricas de longo alcance (ascensão e queda das civilizações, dinâmicas demográficas de longo prazo) são variáveis imprescindíveis para se compartilhar o entendimento dos atores de forma a poder influenciá-los.

Deste ponto de vista, os Estudos Estratégicos têm, em si, ao tratar das dinâmicas conflitivas, uma responsabilidade no que toca à percepção da diversidade de matrizes culturais e, portanto, de diferentes quadros de referência cognitivos, ao mesmo tempo em que tratam de um assunto cuja essência transcultural é: o combate.

Embora se possam utilizar índices quantitativos como forma de objetivar o estado e tendência destas dinâmicas, só uma apreciação qualitativa pode ter a esperança de produzir quer entendimento, quer subsídios, para a tomada de decisão. Neste sentido, as dinâmicas que se estabelecem entre forças em combate — apreciação mútua de pontos fortes e fracos, dinâmicas tácitas de comportamento, entre outras —

também só admitem tratamento a partir de expressões de entendimento qualitativas.

## AS CRISES

É necessário ter cautela, quando se trata da análise de situações conflitivas entre os Estados, de não atribuir às crises o caráter de um pólo específico que existiria em algum ponto entre a paz e a guerra. O erro de se tomarem as crises em si mesmas ou de tomar as crises como um tipo de guerra virtual ou um tipo de paz conflituosa é o de não perceber que elas são estágios de passagem, sem fronteiras fixas, cuja solução leva à paz e cujo agravamento à guerra.

O entendimento da crise e portanto da História das Crises como admitindo trânsito até a guerra ou a paz é crucial para o enquadramento adequado de sua condução, evitando que se percam de vista quer os objetivos políticos que instruem e explicam a crise, quer a necessidade de se ter, em cada momento, a análise dos requisitos e conseqüências das ações e eventos em termos de sua pertinência para a produção, em termos vantajosos, de guerra ou paz.

Com isto em mente, é importante se entender que a dinâmica das crises admite especificidades conceituais que as caracterizam, permitindo identificar sua natureza e orientar a gradação do emprego ou da ameaça de emprego dos meios de força. Para isso, divide-se, de forma arbitrária, o enquadramento da dinâmica das crises em quatro grandes núcleos temáticos.

O primeiro trata da investigação de suas causas e do entendimento dos possíveis desdobramentos que daí advêm, procurando orientar a decisão quanto à adequação das ações para a solução da crise à luz de seus objetivos. O segundo procura explicar cientificamente o processo de tomada de decisão, buscando identificar padrões que possam ser analisados e dos quais se possam auferir vantagens. O terceiro trata da investigação das percepções induzidas pela introdução dos meios de força na dinâmica da crise. O quarto e último núcleo temático agrega, de forma *ad hoc*, contribuições de todas as origens, que possuam capacidade de influir no desenrolar da crise, atuando tanto no sentido de distendê-la como de escalá-la. Esta multiplicidade de recortes e percepções recomenda cautela e cuidado em qualquer proposta de estudo de crises como fenômenos históricos individuais.

O estudo da História Militar, ou seja, o uso do laboratório por excelência dos Estudos Estratégicos, pode ser auxiliado pelo recurso a diversos métodos e ferramentas científicos — qualitativos ou quantitativos —, com vistas a extrair dos eventos históricos informações e percepções com capacidade de instruir o processo analítico e ampliar a gama de conhecimentos disponíveis para a análise e compreensão do fenômeno bélico.

***

A exposição que demarca os Estudos Estratégicos, identifica o seu enquadramento como conhecimento científico e delineia o encaixe da História Militar pelos Estudos Estratégicos para o estudo da guerra é o que permite se aproximar das obras fundadoras do entendimento ocidental sobre a guerra da maneira mais fundamentada, visando a orientar a apreensão de seu conteúdo e significado com o rigor que o estudo em estratégia exige.

Passa-se agora ao exame das principais obras no estudo da guerra em terra, no mar e no ar.

Capítulo 2

# Os Fundadores do Pensamento Estratégico

O pensamento sobre a guerra deu um salto qualitativo no século XIX. Foi então que surgiram os primeiros escritos dedicados a uma investigação com pretensões científicas sobre a guerra e sua condução. Em parte, esse salto pode ser creditado ao crescente impacto das ciências no mundo intelectual ocidental. Por outro lado, a surpresa trazida pelo AMBIENTE POLÍTICO-MILITAR POSTERIOR À DERROTA DE NAPOLEÃO exigia uma formulação intelectual que permitisse o enfrentamento e a incorporação da nova forma de guerrear. Dessas duas vertentes — científica e histórica —, surgiram os escritos que fundam o pensamento estratégico ocidental: as obras de Jomini e Clausewitz.

Nem Jomini, nem Clausewitz, como aliás nenhum autor em particular, foram realmente tomados como referências no sentido contemporâneo do termo, em que se atribui autoria às idéias, embora tenham sido lidos e estudados. De uma forma que hoje conhecemos pouco, suas obras foram transformadas e transmutadas em dezenas de versões e interpretações pessoais. Era comum, no século XIX, que autores praticamente duplicassem, com seus próprios interesses e inclinações, o grosso de trabalhos de outros autores que admirassem, e produzissem sínteses e derivações muitas vezes irreconhecíveis por seus autores originais.

No caso de Jomini, isto produziu uma escola que acabou por se confundir — e se tornar — a mais influente vertente da teoria militar e a raiz identitária das forças armadas nacionais profissionais do século XIX. No caso de Clausewitz, a densidade de seu texto e a cerrada cam-

### O AMBIENTE POLÍTICO-MILITAR POSTERIOR À DERROTA DE NAPOLEÃO

Como parte do processo de restauração política que se seguiu à derrota de Napoleão e cujo marco foi o Congresso de Viena (1815), muito da tradição internacionalista da profissão militar, que havia sido praticamente varrida pelo fervor nacionalista da Revolução Francesa, foi retomada de uma forma diferente da do século XVIII. A discussão de assuntos militares permaneceu – e ainda permanece – bastante internacionalizada, enquanto que o oficialato e a perspectiva das forças armadas se tornavam cada vez mais nacionalistas. Aderindo tardiamente ao nacionalismo, as instituições militares européias fizeram de tudo para afirmá-lo em seus comportamentos e ações, ao mesmo tempo em que incorporavam o resultado de uma discussão concretamente internacional.

panha de confusão de seu conteúdo por Jomini mantiveram seus textos praticamente fora da alçada dos estudiosos militares até as últimas décadas do século XIX. E, diriam alguns, ainda mais depois, quando o *Da guerra* foi incorporado a um discurso militar já basicamente definido: o do mundo militar profissional de forças nacionais.

Foi a partir daí que se começou a pensar a guerra com uma pretensão de rigor científico, ao contrário da tradição ocidental anterior do relato de feitos passados (Frederico, Lloyd, Vegetius, César, Políbio, Xenofonte e Tucídides, entre outros) ou da proposição de reformas organizacionais (Maquiavel, De Saxe, Bourçet, von Bülow, Guibert, entre outros); mais contrariamente ainda à tradição oriental do Manual para o governante ou Plenipotenciário (Sun-Tzu, *Os trinta e dois estratagemas*, Myiamoto Musashi, entre outros).

Há algo que se aprender com o fato de que atualmente Clausewitz é mais conhecido que Jomini, hoje quase restrito a especialistas. Esta relativa anonimidade de Jomini é ainda mais chocante quando se percebe que todo o linguajar e, mesmo, as formas de percepção do mundo militar dos séculos XIX e XX não são mais do que a popularização e até mesmo a distorção de concepções originariamente jominianas, em contraposição ao papel comparativamente menor que Clausewitz teve na construção da instituição militar ocidental até meados do

> **ESTRATÉGIA**
>
> O termo *estratégia* é um produto do final do século XVIII e início do século XIX. Até então, utilizava-se *Arte da Guerra*. O grego antigo e o latim não tinham um termo equivalente; os derivados de *strategos* (general) – tais como *strategikon* e *strategema* – referiam-se ao aprendizado da arte da guerra ou a seus ardis (*strategema*) e não à gestão da guerra.

século XX, quando a influência relativa de ambos no pensamento sobre a ESTRATÉGIA começou a se inverter, levando a que Clausewitz se tornasse em nossos dias praticamente sinônimo do estudo da guerra.

Assim, é mais proveitoso, para os propósitos deste *Guia*, seguir o fluxo da História e apresentar inicialmente Jomini e seu legado, para, em seguida, expor o pensamento de Clausewitz e seus herdeiros.

## Jomini e a consolidação do mundo intelectual militar

É impossível entender o impacto e alcance da obra de Jomini sem que se levem em conta ao menos quatro fatores: a sua intenção tradicionalista e restauradora, a sua abordagem popularizante e reducionista, a sua longevidade pessoal e a sua vaidade.

Antoine-Henri Jomini nasceu suíço em 1779. Como toda uma geração, sua vida foi dominada pelos acontecimentos da Revolução Francesa. Jomini se interessou desde cedo pelas campanhas militares pós-revolucionárias. Tendo lido os principais textos militares do final do século XVIII, seu desempenho intelectual acabou por dar-lhe a oportunidade de conviver com o mais alto oficialato de Napoleão durante o período de seu apogeu. Contratado como especialista militar pelos russos em 1813, acabou se tornando o mais influente autor militar do século XIX. Isto se deu por uma vasta publicação, mas especialmente a partir da publicação de sua obra, *Précis de l'art de la guèrre* (*Sumário da arte da guerra*), entre 1837-38, revista diversas vezes ao longo de sua vida. A partir daí, Jomini viveu de seus escritos, até a sua morte, em 1869, aos 90 anos de idade.

A popularidade de seus escritos, que declinara com o passar dos anos, foi retomada com grande entusiasmo no final do século XIX. Diversos autores buscaram transportar seus princípios para as realidades de um mundo industrial e marítimo. Nesse processo, a obra se emancipou de seu autor original e o que era um trabalho individual se transformou numa verdadeira escola. Esta escola se tornou dominante, a ponto de se confundir com a própria teoria militar moderna, com influência decrescente até o final da II Guerra Mundial.

Jomini se manteve fiel ao mundo militar tradicional, aos escritos e práticas do final do século XVIII. Tomou os bem-sucedidos feitos militares de Napoleão e Frederico o Grande como formas de exemplificar um sistema teórico principial de validade universal, autonomizado da era ou circunstâncias de aplicação. Mais que isto, o mundo bélico em Jomini era marcado por uma grande continuidade de valores tradicionais, em que um grande líder inspirava os valores locais de um povo e os fazia transcender sua rotina bélica num grande pulso heróico.

Jomini não tinha realmente interesse pelas questões mais mundanas do abastecimento, da produção de armamentos ou do treinamento de tropas. As forças armadas de Jomini surgiam prontas e aprestadas para serem utilizadas nas guerras. Treinamento, suprimento e armamento eram expressões menores, inteiramente sujeitas à vontade, desígnios e persistência do comandante-em-chefe. Jomini entendia, assim, que todo o mundo militar era expressão de uma vontade articulada de um grande líder, aplicada num mundo militar distante e separado do mundo em geral. A vitória era possível a qualquer um com esta grandeza, desde que suas ações fossem consistentemente apoiadas nos PRINCÍPIOS UNIVERSAIS DA GUERRA. Este enfoque determinava uma preeminência absoluta da estratégia nas guerras e nos seus resultados.

A forma que Jomini encontrou se encaixava com perfeição nas tradições do modelo memorialista militar, num mundo heróico de grandes líderes e reformas pontuais, limitadas, contidas e adaptadas às circunstâncias. Já se disse que Jomini preferia persuadir a estar certo. Seus extensos textos históricos sobre Napoleão e Frederico não tinham outra intenção que não a de apoiar suas proposições. Os problemas evidentes deste enfoque, a dificuldade de seleção entre os casos comprobatórios e a justificativa das exceções, nunca foram realmente resolvidos. Jomini trabalhava com uma evidente intenção de popularização, glosando dificuldades, reduzindo o complexo mundo bélico a uma série limitada de princípios simples e de fácil entendimento.

Aparece aqui o caráter restaurador da obra de Jomini. Com efeito, ao propor regras simples e claras que, segundo ele, levariam quem as seguisse à vitória, Jomini acenava com uma ilusão: a de que existiam respostas inequívocas a um fenômeno essencialmente ambíguo como a guerra, principalmente depois de Napoleão. Jomini recusava reconhecer em Napoleão uma ruptura com tudo o que houvera antes, tratando-o antes como a culminação de um saber eternamente válido. Tal proposta vinha ao encontro de anseios profundos de estabilidade, diante da transformação radical do mundo que as revoluções Americana e Francesa haviam trazido e à qual a Revolução Industrial dava continuidade. Jomini prometia a continuada validade do conhecimento militar pré-revolucionário, sua atualização a um mundo que admirava (mas não compreendia adequadamente) os novos métodos científicos de pensamento, e induzia a crença de que quaisquer reformas mais profundas no mundo militar eram desnecessárias; bastava aprender com Napoleão, pela pena de Jomini, os princípios fundamentais com que a guerra sempre fora e sempre seria conduzida.

A grande obra que fez de Jomini o centro de toda uma escola foi a sua tentativa de resumir sua formulação geral, amadurecida por vinte anos de paz. Em *Précis de l'art de la guèrre*, Jomini se propôs um vigoroso processo taxonômico e classificatório, do qual emergiria um conjunto de preceitos para a obtenção da vitória. É provável que um tal arcabouço, deixado por si mesmo, tendesse a ser visto pelo que era: uma tentativa limitada e datada de transformar as práticas napoleônicas em princípios e listas de checagem.

A longevidade pessoal de Jomini e seus esforços incessantes e intransigentes na manutenção do valor e importância de seu trabalho conferiram-lhe a aparência de uma coerência e continuidade extraordinárias. Mesmo que seus escritos mais tardios tenham sido quase ignorados, este esforço continuado de quase uma vida inteira fez com que suas obras originais, em particular as diversas versões do *Précis*, permanecessem vivas e lidas muito além do que seria de se esperar.

Jomini tinha uma vaidade imensa, e guardava ciosamente a sua grandeza. Em seus escritos, minimizava os trabalhos dos autores que o precederam ou reduzia os de seus contemporâneos. Sempre rápido a preservar sua imagem de maior de todos os autores militares, Jomini se permitia práticas como a da publicação anônima de uma "Vida de Napoleão... por ele mesmo" em que o brilho, saber e acima de tudo a correção e o alcance das teorias de Jomini eram repetidamente reforçados em anedotas colocadas na boca do Imperador. Com a idade, livre de inconvenientes testemunhas oculares, a estória aumentou, até o ponto em que Jomini insinuava que o próprio Napoleão teria reconhecido como o "seu sistema" as propostas e análises jominianas. Que esta abordagem tenha tido o resultado desejado é incontestável: aos poucos, Jomini passou a ser encarado como o grande intérprete de Napoleão. Sucessivas gerações de militares se voltariam para seus escritos como os únicos capazes de revelar-lhes os segredos do Grande Corso.

Jomini, por outro lado, sabia que era apenas um dentre os diversos autores militares que buscavam entender a "arte da guerra". Muitos podiam ser convenientemente deslocados como obsoletos, por terem escrito antes ou fora dos padrões napoleônicos e principiais que ele afirmava como os únicos pertinentes: von Bülow, Guibert e tantos outros. Os trabalhos do Arquiduque Carlos e, especialmente, os de Clausewitz, eram, entretanto, ameaças de bem mais difícil resposta.

O primeiro, por sua evidente posição de poder como irmão do Imperador da Áustria, teve um tratamento conciliatório, tolerante, em que Jomini mais perdoava que contestava. As vitórias de Napoleão sobre Carlos em 1809 eram realçadas e seu exílio do poder militar depois destes eventos eram apontados de forma discreta, como que desqualificando os escritos do Arquiduque — como se o próprio Napoleão não tivesse sido derrotado e exilado.

Clausewitz era o maior desafio, com seus escritos, ainda que incompletos e póstumos, representando uma construção teórica de densidade inegável. Jomini adotou a linha de criticar a integridade intelectual de Clausewitz, por um lado, e, principalmente, de confundir deliberadamente a assertiva principal de *Da guerra*, por outro. Clausewitz abordava a questão erradamente, dizia Jomini. Errara ao não compreender a natureza da verdadeira teoria da guerra. Jomini afirmava que Clausewitz, correto ao afirmar que não podia haver um único arranjo universal abstrato para guerra, errava ao não alcançar que poderia haver uma contribuição como a de Jomini, que não era um "sistema" mas um elenco de "fundamentos", de "princípios", estes sim passíveis de universalidade.

Era um ardiloso jogo de palavras. Ao disseminar um entendimento restrito e enviesado da obra de Clausewitz, omitindo seus pontos principais quanto às diferenças entre a guerra em teoria e a guerra na prática, a natureza das forças morais e do atrito, o papel do acaso e a atuação delimitadora e controladora da política, Jomini contribuiu decisivamente para que Clausewitz não tivesse maiores repercussões durante a maior parte do século XIX.

A abordagem de Jomini era, porém, exatamente aquilo que ele negava. Apesar de construída a partir de princípios, seu objetivo explícito era o de uma prescrição da superioridade do verdadeiro "sistema" da arte militar. Todo saber necessário para a vitória podia ser encontrado em Napoleão, espelhando os princípios universais eternos; e estes podiam ser expressos em uma quantidade restrita de enunciações claras e simples, abarcadas pela obra de Jomini.

## O "Précis de l'art de la guèrre"

A teoria jominiana era centrada em um conjunto restrito e limitado de axiomas, que não se alteraram em quase sessenta anos. Eram eles:

- A chave da guerra é a estratégia.
- A estratégia é controlada por princípios científicos universais.

Com isto em mente, Jomini procede a um exame histórico que o leva à seguinte conclusão geral: *a vitória na guerra decorre de ação ofensiva que concentre forças contra o inimigo no ponto decisivo*. Este era o centro: tudo o mais eram detalhes e corolários, formas e meios, proximidades ou distância dos princípios vencedores.

Para Jomini, isto era mais que suficiente para alcançar a vitória, ignorando assim as influências determinantes dos exércitos de massa, da transformação da artilharia e, principalmente, das práticas organizacionais e táticas que haviam feito de Napoleão e dos franceses vencedores em quase vinte anos de guerras e que, de resto, os haviam derrotado quando seus inimigos a eles se igualaram.

Jomini foi um dos primeiros a identificar estratégia, separando-a da grande tática e da tática. Estratégia dizia respeito ao processo de concentração da força em relação à totalidade dos meios de força disponíveis, na região e depois no ponto decisivo. Jomini transportou-a para o centro da reflexão e da prática militar. Neste processo, Jomini fez uma ampla interpretação da história das guerras, muito especialmente dos sucessos recentes nas guerras, reconstruindo-os como aplicações mais ou menos bem-feitas de estratégia em acordo com seus princípios. Esta é a marca da linhagem jominiana de pensamento estratégico, retomada por Mahan: vasculhar a história para sustentar suas teses.

Jomini enxergava, na tradição do Renascimento, a arte militar como um contínuo, uma unidade principial que se estendia desde a origem dos tempos. Alexandre, Cipião, César, Frederico e Napoleão eram uma lista de praticantes consistentes de seus princípios. Era pela concentração de forças, pela ação ofensiva e pela sua aplicação na batalha decisiva que haviam construído suas vitórias. As peculiaridades táticas, logísticas e circunstanciais eram menos relevantes do que a aplicação de tal fórmula.

Assim, Napoleão, longe de representar uma ruptura, encarnava a continuidade. Se havia alguma novidade em Napoleão, esta residia na remoção do formalismo militar oitocentista, em que o empenho de forças e o engajamento eram limitados por convenções e usos reconhecidos tacitamente por todas as partes. Napoleão apenas restaurara a violência e o empenho com que os comandantes clássicos conduziam suas guerras. Ao expor para o mundo moderno a crueza de uma guerra como as da Antiguidade, Napoleão era, portanto, mais do que uma simples aplicação dos princípios; era sua própria revelação, límpida e cristalina. Desta forma, Jomini fazia do revolucionário Napoleão um restaurador, atendendo plenamente aos anseios conservadores de sua época.

O método analítico de Jomini era a base de um sistema prescritivo, onde a exemplaridade do caso napoleônico tinha lugar central. Organização e práticas administrativo-táticas napoleônicas eram o receituário auto-suficiente da vitória. A idéia da concentração da força nacional num análogo do *Grande Armée* era assim mais que uma materialização circunstancial e episódica: era a própria essência da vitória na guerra.

Com isso, Jomini descartava de suas análises uma das chaves das vitórias de Napoleão: a articulação do *Grande Armée* em corpos-de-exército, divisões e brigadas instruídos pela idéia imprecedente das armas combinadas. Jomini eliminava, assim, um dos elementos potencialmente mais incômodos da Revolução e de Napoleão: a possibilidade de que o mundo militar pudesse ou mesmo tivesse que ser reformulado. Ao reificar Napoleão como um novo e agora seguro patamar da arte bélica e como o resultado inexorável da aplicação dos princípios científicos aos princípios da guerra, Jomini acenava com uma tranqüilizante estabilidade. Uma estabilidade que permitiria a reconstrução de um mundo relativamente equilibrado, em que o *status quo* europeu poderia ser redesenhado (ou, mesmo, como fora o mundo político do Congresso de Viena, restaurado), desde que todas as nações adotassem o modelo do sistema jominiano, que era, afinal, o modelo de toda a História Militar.

A pretensão de Jomini, sua intenção declarada, era de que seu trabalho fosse o mapeamento científico da arte da guerra. Jomini afirmava enfaticamente não ser um historiador da guerra: afirmava que seu objeto era a arte da guerra, em seu nível mais essencial e elevado. Era conselheiro de príncipes e mestre de generais, não de coronéis e capitães. Sua meta era que, ao final, tivesse terminado a cientificização da arte da guerra, abrindo novos entendimentos e critérios sobre todo o panorama da história militar — presente, passada ou futura. Apesar desta intenção, porém, ao trabalhar primariamente com Napoleão, Jomini de fato esboçou um entendimento próprio do mundo bélico napoleônico e, indiretamente, do mundo bélico moderno. Foi, de fato, um trabalho monumental, apesar de suas inconsistências.

O conteúdo original de seus termos logo seria perdido, mas a estabilidade dos termos seria assegurada quando os vocábulos selecionados por Jomini se transformassem, como se transformaram, na própria linguagem da emergente profissão militar, agora indissociável do nacionalismo.

Progressivamente, Jomini deixava de ser um teórico e se transformava num classificador e dicionarista, mapeando o território virgem do mundo militar napoleônico, o explorador que fazia o primeiro mapa de uma região importante, mas pouco conhecida. Neste trabalho, pode-se dizer que Jomini foi bem sucedido, trazendo para o vocabulário militar termos que depois dele seriam amplamente utilizados, ainda que com sentidos inteiramente diferentes.

Jomini repartiu a arte da guerra em seis partes principais: i) estratégia; ii) logística; iii) grande tática; iv) pequena tática; v) engenharia e vi) a relação entre o estadista e a guerra. Com o tempo, alguns termos permaneceram, mas seu conteúdo e as realidades a que se referiam modificaram-se de maneira drástica.

O tempo se encarregaria de dar a alguns desses termos seu significado moderno, mas a marca jominiana estaria para sempre na geografia mental do mundo bélico. Apenas um exemplo: "logística", para Jomini, era "a arte de mover os exércitos"[15]. Era tudo o que dizia respeito ao processo e controle do movimento. No melhor estilo tradicional, eram as dificuldades do controle da marcha e das pausas, da coordenação do movimento da força (não da manobra) que formavam o centro da "logística". Os problemas de abastecimento eram uma parte menor desta "logística"; Jomini desconsiderava as dificuldades de

15. JOMINI, Antoine-Henri, Baron de. *The Art of War*. Westport (Conn.), Greenwood Press, n.d. [1862], p.230.

articulação de depósitos e forragem com a marcha e o fornecimento e distribuição dos suprimentos. De fato, logística, neste último sentido, não tinha lugar nas preocupações ou análises de Jomini.

A ofensiva, a identificação e a inflexível concentração da força contra o ponto decisivo eram o que realmente contava. Logística e tática eram questões resolvidas para Jomini; recalculadas após Napoleão, mas dadas. Mesmo enquanto se focava no moderno, Jomini mantinha um pé firme no tradicional, buscando impor à novidade um arcabouço tradicional.

Como o linguajar militar tradicional estava em ruínas após as guerras napoleônicas, Jomini ocupou o vácuo. O *Précis* se transformou na chave da reconstrução do entendimento intelectual e logo, concretamente, internacional, da questão militar. Jomini foi amplamente traduzido e publicado, adaptado e parafraseado. Uma verdadeira escola, com Jomini no centro de uma ampla rede de acólitos, oferecia simplicidade e entendimento onde antes só parecia haver complexidade e confusão.

O ponto de partida do método em Jomini era a questão das alternativas e formas da ofensiva, da concentração de forças e da seleção do ponto decisivo. Jomini entendia que a região de combate — o teatro de operações — admitia uma modelagem na forma de um retângulo, com suas quatro linhas delimitatórias fundamentais — as fronteiras do teatro —, cada uma das quais podia estar sob o controle de um ou de outro partido.

Para Jomini, o controle destas fronteiras representava as alternativas de pontos de partida (bases de operações) para as rotas de abastecimento e comunicação (linhas de comunicação) de cada lado. Segundo Jomini, quando um lado dominava três destas linhas limítrofes, tinha grande vantagem, pois podia ameaçar a linha de comunicação da força inimiga, interpondo-se entre a força e a base; ou manobrando de tal forma a ameaçar esta linha, podendo contar com abastecimentos de três direções. Quando dominava as quatro, o inimigo estava vencido, isolado, pronto a ser submetido (ainda de acordo com Jomini).

O ponto inicial do método era diagnosticar o balanço das bases de operação e tentar ganhar a vantagem de diversas linhas alternativas de comunicação. A boa escolha de teatros de operação era a identificação das regiões onde se tivesse esta vantagem. Por definição, uma força invasora estava na situação de desvantagem e uma defensora na posição de vantagem — já que esta naturalmente teria o controle de três linhas. Coligações de forças diferentes, dependentes de linhas de partida distintas, eram mais vulneráveis: a ameaça à linha de um removia-o da contenda, deixando o outro exposto. O mais comum era que cada lado controlasse um ou dois dos lados do retângulo.

Desse modelo emergia um dos mais fortes resultados teóricos de Jomini, a da vantagem das linhas interiores. Situada no centro do teatro, uma força tinha a capacidade de se movimentar mais rapidamente e dessa forma combater separadamente as partes em que se dividiam as forças inimigas que avançavam desde os lados do retângulo. Uma força, ainda que menos numerosa no total que a de seus inimigos, podia se mover desde o centro, atrasando o avanço de todas as forças inimigas, com a exceção de uma, contra a qual concentraria o máximo possível de força. Era uma teorização da lógica do *Grande Armée*, integrada de forma explícita com as tradições matematizantes do século XVIII e erigida em princípio universal.

Nesta abordagem, os limites do mundo heróico a que Jomini se filiava se evidenciavam: supunham-se resolvidas as necessidades de provisionamento, de estruturas de comando e controle e de inteligência. A estrutura de um exército organizado em Corpos era o pressuposto oculto da funcionalidade e eficiência de qualquer decisão estratégica. Jomini omitia deliberadamente de seu exame campanhas como a de 1813, onde os aliados haviam explorado linhas exteriores contra o Imperador. Jomini preferia expor as manobras a partir de posições centrais (assumidas como sendo resultado de decisões deliberadas de Napoleão), como as contra Mack e Kutusov em Ulm, em 1805. Da mesma forma, Jomini se refugiava na abstração para não discutir a questão da forragem e dos limites de uso repetido do mesmo território. As "linhas de suprimento e comunicação" simplesmente existiam.

Jomini afirmava que o mundo militar científico que ele inaugurava assinalava o fim do amadorismo de governantes ou nobres no campo bélico, afirmando a profissionalização definitiva do oficialato militar. Os civis eram despreparados para a guerra porque ignorantes de seus princípios, incapazes da cultura militar histórica de onde extraí-los e que ensinava como aplicá-los. O mundo militar era um mundo à parte, sujeito às suas próprias leis, que nada tinham a ver com o mundo político. Começada a guerra, a ingerência de governantes só podia ser uma interferência danosa — como a dos dois Imperadores, em Austerlitz: bem-intencionados, mas incompetentes. Aquilo que ele entendia como ciência militar não era para amadores, embora amadores pudessem entendê-la e praticá-la caso se educassem em seus princípios como expressos por Jomini. A guerra era importante demais para ser deixada ao sabor de sucessões ou eleições: era a província dos grandes comandantes e só deles. E Jomini apontava, sereno, para o leque de militares, inclusive o próprio Napoleão, e civis de todas as origens sociais e profissionais que haviam composto o Marechalato da França Imperial, contrastando-os com os desastrosos nobres austríacos, russos e prussianos.

Jomini estabeleceu essas metas de diversas maneiras. Uma delas foi a descrição de quais seriam as condições essenciais para se fazer um exército perfeito, cuja validade nunca foi reconhecida; outra foi a enunciação dos princípios da guerra, que permaneceram como idéia, admitindo, entretanto, várias formulações desde sua expressão original em Jomini.

O exército perfeito atenderia às seguintes condições: 1) um bom sistema de recrutamento; 2) uma boa organização; 3) sistema de reservas nacionais bem organizado; 4) bom adestramento de oficiais e homens na disciplina física dos exercícios militares, nos serviços internos (administrativos etc.), bem como nos de campanha (acampamentos etc.); 5) disciplina estrita e espírito de subordinação e responsabilidade, nascidos da convicção; 6) um sistema de recompensas adequado; 7) engenharia e artilharia bem instruídas; 8) armamento superior, se possível, ao do inimigo; 9) estado-maior geral capaz de aplicar os elementos e dotado de uma organização planejada para melhorar a educação dos oficiais; 10) bons sistemas de apoio; 11) bom sistema de alocar comandantes e de dirigir as principais operações da guerra; 12) estimular e manter o espírito militar do povo. Aqui se tem um exemplo característico da ambição e limites das propostas de Jomini. Ao formular de forma abrangente e vaga os requisitos do exército perfeito ("bom", "bem", "se possível"), Jomini delegava a seus leitores o juízo das qualidades de suas próprias forças. Evitava discordar de quem quer que fosse, pois, se os oficiais de um determinado país considerassem adequado o seu sistema de apoio (condição 10), estavam autorizados a se sentir apoiados por Jomini e a julgar seu exército perfeito; se o considerassem inadequado e quisessem propor modificações, estavam igualmente apoiados. Ao optar, no *Précis*, por expressões vagas, Jomini se eximia da responsabilidade pelas conseqüências de suas recomendações, abandonava sua meta prescritiva e se colocava numa posição invulnerável à crítica. Se um exército perdesse para outro, sempre se poderia dizer que seus atributos não eram "bons" ou "adequados"; se vencesse, estava comprovada a correção e adequação de seus arranjos. No fundo — e este é um dos motivos pelos quais esta lista de Jomini não é usada —, Jomini se omitia com relação a quais seriam, de fato, as condições do exército perfeito e, muito particularmente, como se avaliar e manter tais condições num exército que se quisesse perfeito.

A convicção de Jomini de que havia cientificizado a arte da guerra fez com que ele produzisse uma lista de princípios da guerra, de validade pretensamente universal. Neste sentido, Jomini fazia uma ponte consciente entre a tradição ocidental da formulação de princípios, típica da literatura memorialista militar que o precedeu, e a produção de leis naturais que caracterizou o início do edifício científico ocidental. Esta dualidade servia ao propósito de propor regras cuja validade pretendida era a de leis naturais invariantes, mas cuja aplicação estava sujeita à lentidão e até à contradição no atendimento a esses princípios. Jomini não utilizava a forma resumida da atualidade para expressar seus princípios; descrevia-os como máximas, em breves parágrafos, circunscrevendo o que denominava de o "princípio fundamental da guerra". A primeira destas máximas recomendava "arremessar por movimentos estratégicos a massa de um exército, sucessivamente, sobre os pontos decisivos de um teatro de guerra e também sobre as comunicações do inimigo, tanto quanto possível, sem pôr em risco as suas próprias linhas de comunicação"[16]. A segunda máxima determinava "manobrar de maneira a engajar partes do exército inimigo com o grosso de nossas forças"[17]. A terceira máxima comandava "lançar, no campo de batalha, a massa das forças sobre o ponto decisivo, ou sobre aquela porção da linha inimiga que era mais importante atacar"[18]. A quarta máxima aconselhava "arranjar que as massas não apenas fossem lançadas sobre o ponto decisivo, mas que o fizessem em tempo adequado e com energia"[19].

Para Jomini, a simplicidade da verdade que trazia convidaria críticas, dentre as quais ele antecipava a da dificuldade de identificar o ponto decisivo. Isto, porém, era objeto de outras considerações e Jomini informava que aqueles "estudantes que, tendo considerado com atenção o que se afirmou, ainda considerem a determinação dos pontos como um problema sem solução, podem muito bem abandonar qual-

---

16. Jomini, *The Art of War*, p.63.
17. Jomini, *The Art of War*, p.63.
18. Jomini, *The Art of War*, p.63.
19. Jomini, *The Art of War*, p.63.

quer pretensão de virem a entender de estratégia"[20]. Para Jomini, as questões decorrentes da aplicação do princípio fundamental eram extraordinariamente simples: num teatro de guerra, numa batalha ou nas subdivisões de uma batalha, só havia realmente três direções a escolher. São elas: a esquerda, a direita e o centro e seria muito simples decidir entre elas. "A seleção dentre estas três simples alternativas não pode, certamente, ser considerada um enigma. A arte de direcionar corretamente as massas é certamente a base da estratégia, ainda que não o seja de toda a arte da guerra."[21] Note-se a dificuldade de dar substância prática a esta enunciação teórica, e a facilidade com que se podem extrair do princípio fundamental de Jomini as mais diferentes leituras.

Pode-se perceber em Jomini, em seus entendimentos do relacionamento entre os estadistas e a guerra e o mundo militar e o mundo em geral, a pressuposição não tematizada de uma separação entre as forças armadas e a sociedade em geral. Neste sentido, para além de suas simplificações, reducionismos e desejos de popularidade, a obra de Jomini tinha um apelo irresistível ao seu tempo. O *Précis* restaurava, ainda que implicitamente, a autonomia do comandante e sua onipotência na condução das guerras e das campanhas que a Revolução Francesa, e Napoleão, haviam destruído. Assim, não por acaso, lado a lado com Napoleão, Frederico o Grande ocupava um lugar de destaque no centro da exemplaridade jominiana.

Onde Napoleão era perdulário, Frederico era parcimonioso; onde Napoleão era arrojado, Frederico era ponderado. Napoleão era o mestre da eficácia e da radicalidade, mas Frederico era o exemplo complementar da eficiência e da medida.

Este desejo de um reenquadramento conjunto de Napoleão e Frederico se revelaria um dos pontos mais frágeis de Jomini. O progresso técnico e a radicalização das tendências pós-napoleônicas de poder de fogo, movimento, comunicação e mobilização nacional, que apontavam para uma guerra totalmente incivilizada e radical, não lhe interessavam nem se encaixavam em seus modelos.

Com todo o peso de sua autoridade, Jomini se dedicou, na prática, a restabelecer o isolamento entre os mundos militar e civil, que as re-

20. Jomini, *The Art of War*, p.64.
21. Jomini, *The Art of War*, p.64.

## OS PRINCÍPIOS DA GUERRA

A ambição de que o mundo caótico da guerra pudesse ser capturado num conjunto de regras simples que assegurassem a vitória – os princípios da guerra – tem sido uma quimera desde os tempos clássicos. Com efeito, a complexidade das operações militares, das realidades políticas que permeiam as guerras, do ambiente de decisão em que os comandantes se vêem envolvidos, a imprevisibilidade intrínseca da ação do inimigo, o balanço das forças morais, tudo isto contribui para solapar a idéia – e a viabilidade – de que regras simples e invariáveis pudessem dar conta do conjunto de riscos e opções difíceis com que qualquer comandante está freqüentemente sendo confrontado. A pretensão de que fosse possível realizar uma ciência da vitória seduziu diversos autores – mas não todos, sendo a exceção mais ilustre o próprio Clausewitz –, levando a que buscassem extrair do passado tais regras e princípios; o malogro dos sistemas baseados em princípios depõe fortemente contra um entendimento dogmático ou mesmo falsamente pragmático de sua validade.

Apesar disto, há quem considere que o conhecimento de uma lista de princípios da guerra pode ser útil para chamar a atenção sobre eventuais riscos que um comandante decide aceitar quando de qualquer iniciativa concreta durante uma guerra ou uma batalha. Não se trataria, neste caso, de princípios capazes de proscrever iniciativas, invalidando-as quando porventura violem um ou mais dos princípios da guerra – de fato, os grandes comandantes se fizeram grandes por violarem, com sucesso, com consciência, os princípios, agindo de maneira inesperada pelo inimigo ou maximizando os efeitos de suas ações pela aceitação de riscos. Entretanto, salienta-se, exatamente a consciência da violação de um determinado princípio pode ser útil para instruir as precauções de um comandante, clarificando as vulnerabilidades e riscos de sua decisão.

A enunciação dos princípios da guerra tem variado de país para país, de tempos em tempos e de autor para autor. Há os que afirmam que só há um princípio, do qual decorrem todos os demais; para alguns, a concentração de forças; para outros, a surpresa. Há os que identificam aproximadamente uma dúzia de princípios, incluindo basicamente: Objetivo, Iniciativa, Mobilidade, Surpresa, Segurança, Superioridade, Economia de Forças, Simplicidade, Unidade de Ação, Flexibilidade, Exploração, Prontidão e Moral.

Há ainda princípios que só foram afirmados por um dado país, num determinado momento, reflexo de suas experiências, como o Princípio da Aniquilação, de origem soviética, ou o Princípio da Multiplicidade de Linhas de Ação, de origem chinesa.

voluções Americana e Francesa haviam extinguido. A guerra era o que Napoleão fizera: as novidades não autorizadas da ferrovia e do rifle, da artilharia de granadas explosivas e tiro rápido, do telégrafo e do sistema de reservas — introduzidas ainda durante a vida de Jomini — eram ou aberrações ou irrelevantes, que se neutralizariam mutuamente e não resistiriam a um verdadeiro chefe militar à frente de um exército perfeito. A glória das batalhas e a estratégia dos comandantes eram o centro da guerra, como Jomini afirmava que sempre haviam sido. Não havia necessidade e seria mesmo danoso caso se quisesse desviar da senda segura aberta pelo Imperador, conforme Jomini. Que novos armamentos fossem absorvidos, mas sem mudança nos preceitos sólidos da tática e grande tática napoleônica, da qual ele se dizia o verdadeiro intérprete.

Este mundo simples, glorioso, estático, "científico" se encaixou como uma luva nas emergentes concepções de profissionalização militar, da seguinte maneira: havia um intenso movimento de educação para a guerra; o exemplo e o efeito das escolas militares francesas, que haviam instruído o oficialato napoleônico, baseadas no mérito e não no *status*, não haviam passado despercebidamente nos demais países da Europa. Escolas militares nacionais surgiram em todos os países. Essas escolas encontraram em Jomini uma base sólida e sistemática, de aparência científica, sobre a qual puderam realizar a difícil passagem entre as tradições do século XVIII, restauradas pela vitória dos aliados sobre Napoleão, e a necessidade evidente de dar conta da novidade napoleônica. A nomenclatura jominiana se revelou uma peça-chave da reconstrução da profissão militar pós-napoleônica, delimitando as armas, esclarecendo o relacionamento, definindo as instâncias de especialização e decisão dentro da instituição militar.

Enquanto os ecos de Jomini se cristalizavam nas estruturas militares novecentistas, um outro caminho estava sendo trilhado. Na obra de Clausewitz, publicada postumamente, a revolução de Napoleão era retomada segundo uma outra ótica.

## Clausewitz e a Teoria da Guerra

O contraste entre as vidas de Jomini e Clausewitz é profundo. Carl Phillip Gottlieb von Clausewitz nascera em 1780, de uma família cuja pretensão à nobreza era, no mímimo, questionável, mas que foi confirmada, anos mais tarde, pelo Rei Frederico Guilherme III. Posteriormente, filiou-se a uma emergente corrente de renovação militar e foi membro destacado, junto com Scharnhorst e Gneisenau, do principal movimento de reforma militar prussiana. Participou da guerra contra a França aos 12 anos (1792), tendo contato direto com o novo exército francês.

Clausewitz era membro ativo de um grupo de oficiais que buscava no iluminismo e na educação a atualização do Exército Prussiano, suspeitando dos efeitos debilitadores da formalização de tradição frederiquiana e desejosos de dar conta das novas formas de guerra trazidas pela Revolução Francesa. Vivia entre generais intelectuais, escritores e leitores de história e teoria, como Yorck e os já mencionados Scharnhorst e Gneisenau. Entre suas obrigações estivera a de ser o mestre-escola militar do bisneto de Frederico, o Grande, e filho do desafortunado Frederico Guilherme III, rei da Prússia quando da fragorosa derrota militar prussiana frente aos franceses e Napoleão na batalha dupla de Jena-Auerstadt, em 1806, em que foi feito prisioneiro.

Clausewitz rebelou-se contra a subserviência da Prússia a Napoleão e, em 1812, abandonou sua patente no exército prussiano para servir ao czar da Rússia contra os franceses e a própria Prússia (cujas tropas integravam o exército que invadiu a Rússia), tendo tido papel relevante nas negociações que afastaram posteriormente as forças prussianas da aliança com Napoleão. Retornou à Prússia para participar da reestruturação e rearmamento secreto do exército prussiano, servindo como ajudante direto de Scharnhorst em 1813. Em 1815, já reintegrado ao exército prussiano, teve papel significativo na Batalha de Wavre, onde uma parte da tropa reteve forças francesas comandadas pelo Marechal Grouchy, impedindo-as de terem qualquer papel na Batalha de Waterloo.

Após as Guerras Napoleônicas, Clausewitz foi promovido a general, em 1819, permanecendo por longo tempo em Berlim, como diretor (à época, um cargo administrativo) da Academia de Guerra Prussiana, da revitalizada *Allgemeine Kriegsschule*, semente do que viria a ser a primeira escola de estado-maior do mundo. Foi nesse período que pôde se dedicar mais intensamente a seus escritos. Com a crise polonesa, Clausewitz foi designado chefe do ESTADO-MAIOR da mobilização

## O ESTADO-MAIOR

Para dar conta do gênio de Napoleão, os reformadores prussianos metamorfosearam a equipe de assessoria e acompanhantes do comandante numa instituição que, pela divisão coordenada do trabalho intelectual de preparação e gestão da guerra, pudesse agregar os esforços de muitos e igualar o desempenho extraordinário do "grande Corso". Neste processo, na feliz expressão de Trevor N. Dupuy[22], institucionalizaram o gênio militar: o estado-maior passou a ser uma verdadeira instituição nacional, que dava continuidade e aperfeiçoamento ao saber e estrutura militar de um Estado.

Por um lado, permitia o processo de organização militar de forma racional, informada tanto pela dinâmica técnica quanto pelas necessidades e possibilidades políticas. Por outro, aperfeiçoava e disseminava o processo de condução das guerras de forma racional, informada tanto pela correta atribuição de responsabilidades aos escalões decisórios quanto pela criação e sustentação de uma cultura organizacional militar orientada para a busca solidária da vitória.

Os resultados que a organização de um estado-maior franqueava a um Estado eram de tal ordem que a posse desta estrutura se tornou obrigatória a qualquer país que desejasse conduzir uma guerra moderna. Assim, os elementos do Grande Estado-Maior Prussiano, que era um órgão de Estado que perpassava e controlava toda a instituição militar terrestre, foram emulados e adaptados numa variedade de arranjos nacionais, admitindo variações consideráveis no entendimento que cada país, cada exército e cada marinha tinham do que era ou não era objeto de sua competência. Pode-se argumentar que nenhum exército jamais conseguiu o grau de organicidade e capacidade militar que o Grande Estado-Maior emprestou às tropas prussianas. Clausewitz viveu apenas os primeiros momentos deste processo.

prussiana de 1831, sendo vitimado pela epidemia de cólera daquele ano, falecendo aos 51 anos de idade. Sua viúva, Marie von Clausewitz, organizou e fez publicar, em 1832, seu livro *Da guerra,* cujos 150 exemplares só se esgotaram trinta anos depois.

---

22. DUPUY, Trevor N. *A Genius for War*. Nova York, Stackpole, 1977.

Clausewitz não escreveu o *Da guerra* pensando em publicá-lo durante sua vida. Clausewitz foi um escritor prolífico durante toda a sua vida: suas cartas, memorandos, manifestos, projetos, textos e aulas dão conta do talento e rigor com que sempre se aproximou dos assuntos de seu interesse. Nesse sentido, o *Da guerra* sistematizava o conjunto de suas reflexões sobre a guerra e as enquadrava num arcabouço teórico de grande envergadura. Entretanto, sua morte prematura o impediu de revisar e completar a obra.

A falta de revisão do *Da guerra* induziu, como aliás o próprio Clausewitz previra, muitas e distintas interpretações, dc difícil solução em função da morte prematura de seu autor. Sucessivas interpretações nasceram da publicação e divulgação de seus outros textos, muitos dos quais só vieram a público tão tardiamente quanto 1937.

A reputação do *Da guerra* resulta de seu valor inegável. Clausewitz é o autor de um grande livro sobre a guerra; talvez, mesmo, o único verdadeiramente grande livro sobre o tema. É extraordinário perceber-se que suas reflexões ainda têm valor mais de um século e meio depois de sua publicação. Clausewitz se confrontara com a complexidade intrínseca do fenômeno bélico, subitamente exposta pelas campanhas napoleônicas. Ao reunir em si mesmo a experiência direta da guerra e uma forte tradição intelectual, construiu uma sólida teoria da guerra. Até hoje, nenhuma obra já escrita sobre a guerra pode lhe ser comparada. Nunca antes a busca pelo entendimento pautara de forma tão clara um estudo sobre o bélico.

Ao excluírem as diversas ponderações e qualificações que Clausewitz fazia em suas reflexões, os aforismas construídos supostamente com base em interpretações dos escritos clausewitzianos eram uma leitura mais facilmente assimilável para um mundo habituado aos "princípios claros e simples" de Jomini. Estes aforismas ganharam grande popularidade. Mas a obra propriamente dita foi praticamente abandonada. Assim, após a humilhante vitória prussiana do final do século XIX contra a França, a assertiva do triunfante von Moltke, em 1871, que tudo que sabia de guerra tinha aprendido com Clausewitz, foi recebida como a revelação de um segredo. Uma febre de Clausewitz se espalhou pela Europa e pelo mundo. Clausewitz era difícil de ser entendido, ainda mais em contraste com a simplicidade instrumental de Jomini. Isto levou a que se tentasse uma reconstrução do arcabouço jominiano a partir de uma suposta compatibilidade entre a sua obra e a de Clausewitz. O resultado foi uma confusão ainda maior sobre o que Clausewitz realmente dizia.

Assim Clausewitz não pertence, realmente, ao mundo do século XIX. Sua leitura só ganhou algum espaço nas últimas décadas do século passado. Apenas em inícios do século XX é que Clausewitz começou a ser tomado pelo que era: a primeira tentativa rigorosa de uma teoria da guerra.

Em franco contraste com Jomini, Clausewitz não manteve suas convicções da juventude ao longo de toda vida. Manteve, antes, suas questões. Desde o início do século XIX, Clausewitz trabalhava e retrabalhava, refazendo seu trabalho quando percebia que suas idéias não eram respaldadas por seus estudos. Os leitores que se dirigiram a Clausewitz se confrontaram com um trabalho cuja revisão final fora apenas indicada na nota em que Clausewitz orientava a interpretação das partes revisadas e não revisadas de *Da guerra*.

Clausewitz conduziu suas buscas sob o impacto dos traumáticos anos de 1792-1815, sob o peso da derrota prussiana de 1806, sob o impacto da capacidade individual de Napoleão de transfigurar o mundo militar, e transtornar o mundo político, em uma meia dúzia de campanhas. Ansiava por respostas: o que era a teoria da guerra? O que ela podia ensinar?

Na busca destas respostas, Clausewitz se revelaria rigoroso, cuidadoso e aberto. Mais que a influência do século XVIII, Clausewitz foi moldado pelo ambiente berlinense da ressurgência intelectual romântica alemã do início do século XIX — onde as idéias de Kant, Hegel, Goethe e Pestalozzi entre outros, tinham livre curso. Clausewitz buscava ferramentas úteis em todos os campos.

A conexão com o mundo material era importante, mas secundária. Dependia de infinitas variações de circunstâncias, de arranjos de todo tipo. Cada momento, cada era, tinha seus próprios requisitos e exigências. Não admitiam uma ponderação genérica, mas um aprendizado com a História, como tantas outras atividades humanas. Esta busca por ferramentas úteis seria fonte infinita de complicação para seus intérpretes. Clausewitz passaria por ciclos de interpretações, algumas simplesmente oportunistas, outras mais filosóficas, onde sua obra seria vista como o desejo por uma filosofia da guerra, uma forma platônica pura da guerra; outras leituras seriam políticas, onde o mundo seria reduzido a uma dinâmica de poder e enfrentamento, a *Realpolitik* despida de valores; ou outras ainda históricas, em que o processo de depuração moral e física da guerra seria a mola mestra do progresso. Estas leituras não davam conta da meta de Clausewitz, muito mais modesta: entender a guerra.

Clausewitz alicerçou sua teoria a partir de uma reflexão abstrata sobre o absoluto da violência da própria guerra. Este processo o havia levado à idéia de que a guerra era violência absoluta, sem limites. Foi quando se dedicou à produção e revisão de uma série de estudos históricos, e se confrontou com o fato de que a violência absoluta que sua teoria inicial propugnava inexistia. As guerras, se lhe diziam algo, é que a violência fora sempre controlada, diminuída, limitada. Com grande coragem intelectual, Clausewitz se debruçou sobre as limitações de suas idéias, reavaliando-as a partir de um confronto entre elas e os fatos revelados por seus estudos; não se voltou contra os fatos — aceitou-os.

Clausewitz exigia rigor de sua construção. Uma verdadeira teoria teria que se emancipar de tudo que fosse circunstancial. Quaisquer considerações sobre detalhes, armamentos ou chefias e estruturas hierárquicas eram inúteis, porque excessivamente vulneráveis à mudança. Clausewitz buscava relações, vínculos permanentes. Sua ambição era a construção de uma teoria tão abrangente quanto possível. Diante da onipresença de limites no que deveria ser ilimitado — limites à violência da guerra —, Clausewitz realizou uma profunda revisão de seu ponto de partida. Algumas das conclusões de suas investigações são:

- O desdobramento lógico do conceito da guerra ("um ato de força destinado a dobrar o inimigo à nossa vontade"[23]) não admitia qualquer moderação, e levava a um extremo de violência, a guerra absoluta;

- As guerras, na prática, eram limitadas ou ilimitadas, jamais absolutas;

- Isto se devia à assimetria entre ataque e defesa; às dificuldades intrínsecas de qualquer ação na guerra: o somatório de dúvida, desgaste, cansaço, medo, erros e acidentes — a fricção que qualquer ação militar enfrentava. A partir destes fatores limitadores, tornava-se necessário que a política retomasse o controle da guerra em todo o seu desenrolar, tornando-as limitadas ou ilimitadas, jamais absolutas;

---

23. CLAUSEWITZ, Carl von. *On War*. (Tradução Michael Howard e Peter Paret.) Nova York, Alfred A. Knopf, 1993, p.83.

• A guerra era instrumento da política e não tinha sentido fora do mundo político.

Foi com estas bases que Clausewitz se propunha a reescrever sua obra. Nunca a terminou. Apenas considerava definitivamente pronto o primeiro capítulo. E Clausewitz pretendia, com certeza, uma revisão completa do todo, onde diversas notas soltas teriam encontrado lugar. Com tudo isto, produziu a primeira e mais penetrante análise da guerra.

## As sombras do "Da guerra" no século XIX pelos olhos do século XX

A complexidade e a profundidade dos escritos de Clausewitz desafiam uma síntese completa. Ao contrário de Jomini, em Clausewitz não se pode encontrar um sistema geral simples e claro, de fácil entendimento e aplicação. Clausewitz não pode ser lido e aplicado como um manual: coloca em pauta relacionamentos e fundamentos, não definições de termos ou regras de imediata aplicação. Clausewitz não buscava restaurar, mas aprender: ao se debruçar sobre o seu tempo, fez o primeiro diagnóstico sistemático do mundo bélico moderno e identificou os pilares do bélico sobre os quais nos apoiamos. Acima de tudo, como dizia o próprio Clausewitz, sua obra ainda não estava em sua forma definitiva; necessitava de uma extensa revisão. De fato, ainda mais que Jomini, Clausewitz foi reescrito e pretensamente sintetizado por autores que viam em sua obra o que queriam, estivesse lá ou não. Assim, o que se segue é, necessariamente, um entendimento sobre uma obra que é de difícil compreensão, e que reflete uma leitura moderna de Clausewitz, apoiada em intérpretes rigorosos e sistemáticos do final do século XX.

O que o *Da guerra* faz é aparentemente muito simples. O texto dá continuidade à reflexão militar ocidental aceitando a novidade político-sócio-bélica resultante das revoluções Americana e Francesa, cuja forma final foi dada por Napoleão. Criticava as tendências racionalistas e formalizantes do final do século XVIII — como a geometria bélica de von Bülow e os diagramas militares de Lloyd —, descartando o que identificava como excesso de formalismo e extrapolações indevidas a partir de casos particulares.

O *Da guerra* não tolerava a idéia de uma guerra estanque, desvinculada do restante da vida política e social, regida por etiquetas militares. Ao contrário, reconhecia-a como claramente inserida num mundo complexo, dinâmico, difuso, e profundamente marcado por uma quantidade inesgotável de ligações e relações, principalmente políticas. É impossível lhe fazer justiça sem um espaço muito mais amplo do que o de que se dispõe aqui — literalmente, só se lhe faz justiça lendo o próprio *Da guerra* e seus melhores intérpretes. Trata-se aqui antes de um convite à leitura, adequado a um guia, mas não de um resumo que substitua o contato com a própria obra.

A literatura dos Estudos Estratégicos tem criticado enfaticamente a forma parcial, fragmentária e oportunista pela qual Clausewitz foi (e ainda é) lido. Esses estudiosos mostraram que sua obra foi objeto de apropriações, inferências e edições muitas vezes completamente incompatíveis com suas bases e assertivas. Muito de Jomini foi justaposto a Clausewitz, sem que se levasse em conta as profundas divergências entre os dois autores e suas obras.

Não se pretende, neste *Guia*, fazer uma revisão completa do trabalho de Clausewitz em si, nem de suas sucessivas interpretações, mas antes de trazer os pontos pelos quais se tomar a sua obra, contrastando-a com a de Jomini e seu legado. Com isto, busca-se informar sobre a vertente clausewitziana que orienta a linhagem predominante do pensamento estratégico contemporâneo.

Ao contrário do que muitos intérpretes afirmaram, Clausewitz *não é um filósofo da guerra*, tanto em um sentido estrito quanto em um mais popular do termo. Clausewitz é *o teórico da guerra*. Talvez se possa atribuir a caracterização errônea de Clausewitz como filósofo a um reconhecimento de uma profundidade em seu trabalho que transcendia as necessidades muito práticas de boa parte de seu público; ou, talvez, a uma tentativa de enquadrar sua obra e pô-la lado a lado com outras de caráter prescritivo — como manuais, por exemplo; ou mesmo ao desejo, nem sempre consciente, de se livrar do desafio de uma interpretação consistente, exilando o *Da guerra* a um plano abstrato.

Como teoria, Clausewitz e o *Da guerra* se inserem na grande tradição das obras fundadoras de campos inteiros do conhecimento científico moderno, podendo ser comparados, tanto em rigor quanto em profundidade, aos máximos gênios dessa tradição, como Thomas Hobbes em *O Leviatã*, Newton nos *Principia Mathematica Philosophiae Naturalis*, Marx em *O capital*, Darwin em *A origem das espécies* ou Freud no conjunto de sua obra sobre a psicanálise.

Como aqueles gigantes, Clausewitz começa seu estudo sobre a guerra definindo-a conceitualmente: para ele, como já dito, *"A guerra é ... um ato de força para compelir nosso inimigo a fazer a nossa vontade"*. As conseqüências lógicas desse conceito são aquilo que ele chama de "as três interações" que levariam necessariamente a um exercício extremo de violência nesta concepção de guerra:

- um lado que usasse a *força sem constrangimentos* ganharia vantagem sobre o outro, que seria obrigado a imitá-lo;

Um lado que exercer violência de forma mais imoderada tenderá a ser capaz de infligir mais danos ao inimigo; por força desse fato, este inimigo terá ou que reagir no mesmo grau de violência, abandonando suas perspectivas e mecanismos de moderação, ou aceitar uma luta desigual, uma assimetria de vantagens e desvantagens, a partir de que sua derrota é mais provável.

- o objetivo da guerra, para ambos os lados, seria *desarmar o inimigo*;

Dado que a guerra é um ato de força, a melhor maneira de garantir o sucesso na guerra e a sua permanência é simplesmente destruir a capacidade do inimigo de seguir combatendo, isto é, privá-lo de suas armas. Uma vez que ambos os lados podiam antecipar essa tendência, ambos tenderiam a usar o máximo de força necessário para privar o quanto antes o inimigo dessa capacidade, o que, outra vez, implicaria uma ascensão a um extremo de força e violência na guerra.

- a guerra demandaria, para ambos os lados, o *máximo dispêndio* de todos os meios disponíveis e de toda a força de sua vontade.

Dados os riscos e conseqüências de se ver desarmado, cada um dos lados agiria de maneira a evitar esse risco a todo e qualquer custo. A guerra atingiria, então, um máximo de violência que seria melhor descrito como absoluto.

Ou seja, para Clausewitz, o próprio fato de que a guerra era um ato de força determinava, em função do efeito que produzia no inimigo e que sua reação produzia em nós, as três tendências acima, que logicamente determinavam um exercício imoderado e simultâneo do máximo de força disponível em qualquer sociedade.

Entretanto, Clausewitz se deparou com um fato inescapável que seus estudos históricos mostravam: as guerras nunca haviam sido espasmos de violência absoluta. Ao contrário, as guerras sempre terminavam antes que se atingissem os extremos de violência que o conceito exigia. Para ele, as guerras concretamente ocorridas:

- nunca eram um ato isolado de pura força;

- nunca consistiam em um único espasmo de extrema violência;
- seu resultado nunca era final, pois terminavam antes do desarmamento completo de um dos lados.

Era preciso não descartar esses fatos, e sim esclarecer os motivos pelos quais a guerra na prática era tão diferente do que o desdobramento lógico de seu conceito exigia. Aqui reside a força teórica de Clausewitz: em estabelecer o conceito, confrontá-lo com a realidade, e incorporar teoricamente as diferenças entre o conceito e a realidade. De fato, uma boa teoria não é simplesmente o desdobramento de um conceito, mas a análise de um fenômeno.

Assim, transparece aquilo que é o método científico clausewitziano: definir um conceito; extrair dele todas as suas conseqüências lógicas; verificar se e como essas conseqüências lógicas são respaldadas pela realidade, tomando a realidade como critério de validade; incorporar as diferenças com a realidade à formulação teórica, agregando ao conceito puro todas as determinações que a realidade impõe. O vigor desse método diferencia a obra de Clausewitz e sua descendência de todas as demais, oferecendo e incorporando em si mesma um critério poderoso de validação e crítica, não só de sua própria obra, mas de quaisquer outras no campo dos estudos da guerra.

É por realizar essa passagem que Clausewitz se insere decisivamente na moldura intelectual do grande cientista, afastando-se inapelavelmente do terreno da filosofia e da tradição memorialista ou propositiva que caracterizavam os textos sobre assuntos militares até então.

Num certo sentido, pode-se dizer que a teoria da guerra exposta em *Da guerra* é a melhor resposta para o paradoxo da diferença entre a guerra como conceito e a guerra como história. Ao expor suas reflexões, Clausewitz vai refinando seu entendimento de por que é que as guerras não atingem os extremos de violência; nesse processo, produziu-se a mais completa investigação sobre o fenômeno bélico de que se tem notícia.

Por que é que a guerra nunca atinge os extremos de violência conceituais? A resposta é decorrente de uma série de fatores identificados por Clausewitz, a saber:

- a guerra é a *continuação da política* por outros meios (especificamente, os meios de força)

Clausewitz lembra que, em função mesmo de seu conceito, a guerra não pode ser separada de seu propósito político, ou seja, a "nossa vontade" que se quer que o inimigo cumpra. Essa vontade transcende as organizações militares, alojando-se no processo do inter-relacionamento político das diversas sociedades. Nesse sentido, há uma continuidade lógica entre política e guerra, já que esta última é apenas uma das formas pelas quais equacionar os interesses conflitantes entre os Estados, interesses que são a matéria tanto de uma quanto de outra. Por essa razão é que se pode dizer que a guerra pertence ao domínio da política, sendo (...) "uma continuação do intercurso político por adição de meios violentos"[24].

Um dos motivos que impede a ascensão aos extremos na guerra é o fato de que o propósito que leva à guerra nunca é o único propósito político de um Estado — por mais importante ou vital que este propósito seja. Assim, o tempo todo, os custos e riscos da continuidade da guerra, a necessidade de continuação de outras atividades que não a guerra, a probabilidade de que outros objetivos sejam ameaçados por uma excessiva debilitação, tudo isto leva os governantes a não empregarem a totalidade de seus recursos forças num único empreendimento.

- a guerra é a província da *incerteza e do acaso*

A guerra ocorre num ambiente de informação imperfeita e incompleta, decorrente tanto da ação deliberada do inimigo — no sentido de gerar desinformação — quanto da imprevisibilidade dos próprios elementos que conformam o ambiente. A guerra é extremamente sensível a um sem-número de fatores — acidentes, clima, mal-entendidos, simples confusão, nascidos do simples acaso. Esse ambiente de incerteza e sensibilidade ao acaso concorre para que os responsáveis pela condução da guerra sejam bastante prudentes no emprego da força, moderando, mais uma vez, a tendência de ascensão aos extremos de violência.

- a guerra é dominada pela presença dos *fatores morais*

Uma de suas famosas afirmações é que, na guerra, fatores morais (entusiasmo ou sensação de derrota, medo, coragem, angústia, confiança, timidez, audácia) têm efeito desproporcional nas possibilidades e no resultado do emprego da força com relação aos fatores materiais (números, combatentes, armamentos), potencializando ou restringindo estes últimos. Esse fenômeno é específico da guerra, não encontrando paralelo evidente em qualquer outra atividade humana. Em suas pala-

---

24. Clausewitz, *On War*, p.99.

vras, "a guerra é uma prova de forças morais e físicas por meio da última"[25].

Com isso, ao ressaltar e incorporar teoricamente os fatores morais, Clausewitz permite também compreender por que é que nem sempre quem tem uma força materialmente superior triunfa nas batalhas ou nas guerras. Além disso, a inconstância e oscilação típicas dos fatores morais introduzem uma fonte adicional de incerteza nos responsáveis pela condução da guerra, acrescentando também outro fator intrínseco de moderação na guerra.

- a guerra é constituída por uma *trindade paradoxal*, composta por governo, forças armadas e povo

A guerra, segundo ele, se vincula de tal maneira à vida das sociedades — seja em sua capacidade produtiva, seja como fornecedora de contingentes, seja em termos de seu interesse quanto ao que está em jogo, seja ainda em sua capacidade de sustentar os socialmente responsáveis por combater — e tão essencialmente ao seu propósito político que aqueles três componentes não podem ser separados no exame do fenômeno bélico. Para ele, a guerra era uma "espantosa trindade, composta de uma violência primordial, ódio e inimizade, que devem ser considerados uma força natural cega; do jogo do acaso e da probabilidade em que o espírito criativo está livre para vagar; e de seu elemento de subordinação como um instrumento da política, que a torna sujeita apenas à razão. O primeiro desses três aspectos é relativo principalmente ao povo; o segundo ao comandante e seu exército; o terceiro ao governo"[26].

O reconhecimento do povo como um dos componentes essenciais da atividade bélica é uma inovação marcante da teoria clausewitziana. Os que lhe precederam sempre reconheceram a pertinência da amizade ou hostilidade das populações, sem jamais as incorporarem como parte da guerra propriamente dita. Hostilidade ou amizade faziam parte do ambiente em que a guerra ocorria, mas não eram parte da própria guerra. Clausewitz foi o primeiro a incorporar plenamente o povo em sua formulação, reconhecendo a sua centralidade. No limite, não bastava mais derrotar as forças armadas ou dobrar o governo — era preciso quebrar ou conquistar a vontade popular.

---

25. Clausewitz, *On War*, p.145.
26. Clausewitz, *On War*, p.101.

Ao enquadrar, pela primeira vez, a possibilidade do povo em armas, Clausewitz permite reconhecer algo como uma guerrilha como um fenômeno bélico ou político, e não mais apenas como banditismo ou distúrbios sociais.

• o *combate*, mesmo "virtual", é a atividade *essencial* da guerra

Clausewitz rejeita a idéia de que uma guerra possa ser travada independentemente do combate. Para ele, como dito acima, o combate é a atividade essencial da guerra, *mesmo quando ele não ocorre de fato*. É dizer: há situações em que o combate não ocorre de fato, ainda que as forças estejam em condições de combater. Estas ocasiões, para Clausewitz, se explicam pelo fato de que ele foi travado mentalmente — nesse sentido, virtualmente — por pelo menos um dos comandantes, cujo resultado provável antecipado é desfavorável — seja do ponto de vista tático, seja do estratégico —, diante de que decide-se não sacrificar forças.

• a *defesa* é a forma mais forte da guerra

Aqui, aparece uma das inovações mais fortes e contra-intuitivas de Clausewitz. Para ele, existe uma assimetria na guerra, qual seja: a força que está defendendo tem vantagem sobre a atacante. A força que tem o propósito defensivo tem apenas que manter a situação para ganhar a guerra; a força que tem o propósito ofensivo é quem tem a responsabilidade de alterar a situação. Além disso, o defensor geralmente tem a vantagem de conhecer o terreno, de poder prepará-lo, do favor da população, de proximidade com relação às suas bases, e portanto de linhas de suprimento menos estendidas. Por outro lado, o atacante tem a vantagem da iniciativa, em princípio podendo escolher onde e como atacar. Para Clausewitz, a essência da defesa é a espera, e a do ataque é a rapidez.

Tudo ponderado, entretanto, Clausewitz identifica uma assimetria entre ataque e defesa, com nítida vantagem para a última. Essa assimetria explica situações em que ambos os lados são fortes o suficiente para se defenderem, mas não suficientemente fortes para atacarem. Resulta daí a impossibilidade do lado que tem o propósito ofensivo continuar atacando com sucesso, dando mais uma vez vantagem ao lado cujo propósito é defensivo, pois a ele basta não ser derrotado para ganhar a guerra. Esta é, para Clausewitz, mais uma das explicações de por que a guerra na maioria das vezes cessa sem que algum dos lados tenha sido totalmente desarmado.

- a onipresença do fenômeno da *fricção*

Um fenômeno identificado por Clausewitz e incorporado à sua teoria é o da fricção. Fricção é um fenômeno pervasivo a toda a realidade da guerra, para o qual o próprio Clausewitz não apresenta uma definição. Ele prefere ilustrá-lo por exemplos e analogias. Para ele, independentemente da ação do inimigo, "tudo na guerra é muito simples, mas mesmo a coisa mais simples é difícil"[27]. A fricção é o fenômeno que faz com que essas coisas simples sejam tão difíceis. Uma chuva atrasa um batalhão, impedindo-o de chegar na hora certa; uma ordem é mal compreendida ou perdida; a munição deteriora; um nevoeiro impede o inimigo de ser avistado em boa hora.

Para Clausewitz, "a ação na guerra é como o movimento num meio resistente"[28]. Isso se deve ao fato de que, no ambiente de acaso, incerteza e perigo que é a guerra, qualquer ação implica perdas e risco. Ordens são mal compreendidas ou não são recebidas, caminhos errados são tomados, equipamentos quebram, o desperdício impera e uma infinidade de eventos fortemente relacionados com o acaso tem lugar. A existência da fricção faz com que as forças, simplesmente por existirem ou se moverem, sejam progressivamente consumidas e prejudicadas. Com o passar do tempo, esse fenômeno pode causar perdas absolutamente decisivas. Como resultado, esforços normais não produzem os efeitos esperados; a guerra consome as forças e exige esforços desproporcionais para as coisas mais simples.

Por tudo isso, a fricção é mais uma das explicações de por que a guerra na realidade é tão diferente do previsto conceitualmente.

- o *ponto culminante do ataque*

Dos pontos acima, Clausewitz extrai uma idéia importantíssima, a do ponto culminante do ataque.

Em função da fricção, da assimetria entre ataque e defesa, da participação do povo na guerra, da dinâmica das forças morais, do resultado dos combates e do caráter político da guerra, Clausewitz demonstra que o ataque tende a se exaurir com o seu avanço pelo território inimigo e com a passagem do tempo. Os fenômenos associados à fricção se multiplicam, as vantagens inerentes da defesa começam a produzir resultado, o atacante é obrigado a desviar cada vez mais

---

27. Clausewitz, *On War*, p.138.
28. Clausewitz, *On War*, p.139.

forças para proteger flancos e linhas de comunicação cada vez mais extensas, sua vanguarda se distancia cada vez mais de suas bases de abastecimento e força, complicando seu problema logístico; o atacante tende a relaxar seus esforços e Estados neutros tendem a interferir na guerra para restabelecer o *status quo* e o equilíbrio de poder. Trata-se de uma dinâmica pela qual o atacante se enfraquece progressivamente quão mais profundamente penetre no território inimigo e se distancie de suas bases, quanto mais território ocupado tenha que defender, quanto mais postos tenha que guarnecer. Já o defensor, recuando rumo a suas próprias bases, fortalece-se pela facilidade de reforçar-se, tanto por tropas adicionais quanto pelo empenho advindo da percepção da gravidade de sua situação. Enquanto forças adicionais do atacante têm mais dificuldade para se juntarem às demais e o sucesso lhe sobe à cabeça, o defensor pode contar com forças adicionais muito mais facilmente e possivelmente mais motivadas.

A partir de certo ponto — cuja determinação, Clausewitz admite, é bastante difícil —, o prosseguimento do ataque torna-se temerário. A esse ponto Clausewitz dá o nome de "ponto culminante do ataque". Atingido o ponto culminante do ataque — o momento a partir do qual o prosseguimento do ataque começa a debilitar a própria força atacante —, seu prosseguimento compromete a própria força e arrisca a sacrificar o que fora obtido até então.

A continuidade do ataque para além de seu ponto culminante pode fazer com que o atacante perca até mesmo o que já havia conquistado ou, ainda, a sua capacidade de se defender, expondo-se a um contra-ataque que pode chegar ao ponto de ocupar parte de seu território. A persecução do objetivo lógico de toda guerra — o desarmamento do inimigo — nem sempre é possível, em função do atingimento do ponto culminante do ataque. A percepção do ponto culminante do ataque deve ser uma das maiores preocupações do estrategista.

Nesse sentido, o ponto culminante do ataque é um fator não mais de moderação da tendência de ascensão aos extremos de violência, mas de limitação dos próprios objetivos da guerra.

- as guerras podem ser *limitadas* ou *ilimitadas*

Assim, para Clausewitz, chega-se a um ponto fundamental, que permeia os capítulos relacionados com o plano de guerra. Para ele, as guerras podem ter objetivos ilimitados — a saber, a destruição efetiva das forças armadas do inimigo — ou limitados — a posse e conquista desta ou daquela parte do território inimigo, na maior parte dos casos. Quanto mais ilimitados forem os objetivos, mais a guerra tenderá a se aproximar de sua forma absoluta, isto é, a forma exigida pelo conceito; quanto mais limitados os objetivos, mais a guerra tenderá a se afastar da guerra absoluta. Configura-se, assim, o último fator moderador da ascensão aos extremos de violência: para objetivos limitados, uma violência proporcional.

Apresentou-se assim, em suas linhas gerais, a teoria clausewitziana da guerra. Não se pretendeu esgotar o assunto, mas apenas introduzir uma orientação mínima para a leitura da obra, de acordo com os propósitos desse *Guia*. Como já dito antes, é impossível fazer-se justiça ao *Da guerra*: é necessário lê-lo e a seus intérpretes.

## A incompatibilidade entre Jomini e Clausewitz

Há ainda, entretanto, outros pontos que devem ser apresentados, a fim de que se tenha uma visão mais abrangente do significado de Clausewitz. Com isso, também, pode-se mais facilmente estabelecer um contraste entre a sua obra e a de Jomini. É importante destacar como os mesmos termos adquirem significados bastante diferentes, em função do entendimento distinto de cada um deles sobre o que é a guerra e como interpretá-la.

Relembra-se aqui a responsabilidade que cada um tem de se posicionar e refletir individualmente sobre a utilidade e o valor de quaisquer contribuições, evitando, no entanto, justapor idéias de bases conflitantes na falsa esperança de conciliá-las ou, alternativamente, produzir uma síntese entre elas. Sugere-se, dessa forma, que este contraste sirva como um convite ao exercício da capacidade de se saber um mesmo assunto a partir de dois pontos de vista diferentes, reconhecendo a especificidade de cada um deles e entendendo seus pontos fortes e fracos.

Já foi dito que Clausewitz considerava o combate como a atividade essencial da guerra. De fato, isto é tão forte na sua construção teórica que orienta mesmo a sua análise e definição de alguns termos e perspectivas centrais, como, por exemplo, tática e estratégia. Enquanto para Jomini esses termos são estanques, sem outro relacionamento que não o de serem todos eles "partes da arte da guerra", para Clausewitz, trata-se de um contínuo cuja ligação é dada pelo próprio combate e que têm uma relação de interdependência muito estreita, sendo impossível pensar um sem ter em mente sua conexão com o outro. Os melhores exemplos são as definições de tática e estratégia de cada um deles.

Tomem-se inicialmente as definições de Jomini. Para ele, a estratégia é "a arte de fazer a guerra sobre o mapa"[29]; a tática admite uma repartição entre "tática" propriamente dita e "grande tática". Grande tática é "a arte de alocar tropas sobre o campo de batalha de acordo com os acidentes do terreno, levá-las ao ponto de contato e a arte de lutar sobre o terreno, em distinção a planejar sobre o mapa"[30].

Em outro ponto, no entanto, estratégia é apresentada como sendo "a arte de se trazer a maior parte das forças de um exército para o ponto importante do teatro de guerra ou da zona de operações"[31]. A tática seria "a arte de usar estas massas nos pontos para os quais foram levadas por marchas bem realizadas; é dizer a arte de fazê-las atuar no momento e ponto decisivos do campo de batalha"[32].

No entanto, é difícil conciliar este entendimento com as seguintes passagens, por exemplo:

"há outras operações de natureza mista, tais como a transposição de cursos d'água, retiradas, surpresas, desembarques, comboios, quartéis de inverno, cuja execução pertence à tática, [ainda] que sua concepção e planejamento [pertençam] à estratégia"[33];

ou ainda:

"a estratégia decide onde atuar; a logística leva as tropas até este ponto; a grande tática decide a maneira de se empregar e o que executar com as tropas"[34];

e por fim:

"grande tática é a arte de se fazer boas combinações antes das batalhas bem como durante o seu desenrolar. O princípio guia das combinações táticas, como o das estratégicas, é trazer o grosso da força disponível sobre uma parte do exército inimigo, sobre aquele ponto cuja posse promete os resultados mais importantes"[35].

---

29. Jomini, *The Art of War*, p.62.
30. Jomini, *The Art of War*, p.62.
31. Jomini, *The Art of War*, p.294.
32. Jomini, *The Art of War*, p.294.
33. Jomini, *The Art of War*, p.62.
34. Jomini, *The Art of War*, p.62.
35. Jomini, *The Art of War*, p.162.

De fato, o caráter particional das definições jominianas admite leituras que são expressas num jogo de relacionamentos de difícil compreensão:

"a tática ... começa com detalhes, e ascende às combinações e generalizações necessárias à formatura e manejo de um grande exército"[36].

As múltiplas definições, muitas vezes contraditórias, do que seja tática e do que a ela pertença em Jomini obrigam a inferir, a partir de algumas observações, o que ele entende pelo termo. A primeira referência a tática diz respeito à sua natureza como uma das partes da arte da guerra, onde Jomini se refere à "tática das armas"[37] (armas entendidas como infantaria, cavalaria e artilharia); noutra passagem, Jomini enfatiza que a tática vem de baixo, da disposição e formações de tropas, e que instrui a organização de "um grande exército"[38]; fala, ainda, das táticas de batalhas e sítios, circunscrevendo em diversas passagens o valor de combinações táticas no campo de batalha e a especificidade tática de uma variedade de operações como, por exemplo, a passagem de rios, a escolta de suprimentos etc. Assim, o entendimento do que seja tática em Jomini fica aberto à interpretação de seus leitores, que podem escolher o que quiserem entender como "tática" para Jomini a partir destas passagens.

Contrastem-se os entendimentos de Jomini com as proposições de Clausewitz. Para este, tática é o "uso das forças armadas no combate"[39], enquanto estratégia é o "uso dos combates para o propósito da guerra"[40]. A idéia de grande tática lhe é inteiramente dispensável.

Observe-se que a definição clausewitziana de estratégia depende da de tática, e ambas estão diretamente relacionadas com o combate, que, como já foi dito, é para Clausewitz a atividade essencial da guerra.

Note-se que a definição do "propósito da guerra" é uma questão fundamentalmente política, evidenciando assim, mais uma vez, a compreensão clausewitziana da continuidade entre guerra e política. Essas definições revelam o empenho de Clausewitz em se livrar de tudo que é circunstancial, material, datado, buscando identificar relacionamen-

---

36. Jomini, *The Art of War*, p.59.
37. Jomini, *The Art of War*, p.59.
38. Jomini, *The Art of War*, p.59.
39. Clausewitz, *On War*, p.146.
40. Clausewitz, *On War*, p.146.

tos fundamentais, e não simplesmente oferecer uma terminologia a mais.

Outro contraste evidente entre um e outro é o seguinte: embora tanto Clausewitz quanto Jomini compartilhem o desejo de que suas obras sejam de utilidade para aqueles que têm a responsabilidade de decisão na guerra, a maneira pela qual o fazem contrasta radicalmente. Clausewitz pretende fundamentalmente educar o juízo de políticos e comandantes, mostrar os relacionamentos entre os diversos fenômenos e elementos presentes na guerra, suas constantes e variações, pois considera a guerra algo excessivamente complexo para que se possa sobre ela fazer prescrições de caráter geral. Jomini afirma o contrário: pretende ensinar como produzir vitória, e para tanto expõe um sistema de regras universais e perenes, princípios a serem seguidos por comandantes, cuja aplicação conduz à vitória na guerra. Para Clausewitz, não é possível haver uma regra ou conjunto de regras que leve necessariamente à vitória. Para ele, *toda a atividade da guerra* é pautada pelo objetivo e pela dinâmica da política, pelas forças inimigas e pelas próprias, incluindo, nos dois casos, os fatores morais. Portanto, para Clausewitz, não existe *a* estratégia vencedora, nem um *único caminho* para a vitória, nem uma estratégia que *sempre* leve à vitória. Ao contrário, Clausewitz salienta a possibilidade e mesmo o valor daquilo que ele chama de "o gênio militar" para a condução da guerra, e que se caracterizaria pelos seguintes atributos:

- *coup d'oeil*, ou seja, a capacidade de avaliar correta, intuitiva e instantaneamente a situação;
- *coragem* para tomar decisões difíceis;
- *perseverança* para prosseguir em situações desfavoráveis; e
- *liderança* para conduzir e restaurar forças com moral baixo[41].

Como conclusão desse contraste entre os dois fundadores do pensamento sistemático sobre a guerra, cabe ressaltar o seguinte paradoxo: enquanto para Clausewitz, um teórico inscrito na melhor tradição científica, não existe nem pode existir uma ciência da vitória na guerra, sendo sua condução o espaço da genialidade, para Jomini, um artista da persuasão, a guerra tem princípios eternos, de universalidade e validade científicas, cujo cumprimento por si só assegura a vitória.

---

41. Clausewitz, *On War*, p.115-31.

***

É essencial que se perceba que o que está em jogo não é uma questão de informação: o que está em jogo é uma questão de método. Tome-se como exemplo o fenômeno bélico da guerrilha, que foi um dos desafios que confrontaram as forças armadas no século XX.

A resposta a este desafio à luz da teoria de Clausewitz nada dizia sobre a perspectiva de vitória ou derrota da guerrilha, informando tratar-se de um tipo viável de guerra na qual o povo prescindia de forças armadas e governo *formalmente organizados*, acessando, desta forma, recursos que normalmente não poderiam ser mobilizados para a luta. Desta perspectiva, H. Summers, por exemplo, pôde explicar a derrota americana no Vietnã exatamente pelo contraste entre a solidariedade povo-governo-força dos vietcongs e a carência de vinculação entre as metas políticas, as opções militares e o povo dos Estados Unidos da América[42]. Para um estudioso que compreenda Clausewitz, a derrota dos Estados Unidos não se deveu à forma do conflito — guerrilha —, mas sim ao fato de que o interesse político, para os vietcongs, fazia daquela guerra uma guerra ilimitada de seu ponto de vista — sua meta era ocupar o Vietnã do Sul, o que exigia desarmá-lo. Não era este o caso dos Estados Unidos, que só tinham interesses limitados no apoio ao governo do Vietnã do Sul. Assim, apesar da derrota americana no Vietnã, um estudioso informado por Clausewitz se aproximaria da guerra do Afeganistão sem um juízo prévio sobre se a guerrilha seria vitoriosa ou não, buscando identificar as metas e as possibilidades de meios de ambos os lados, isto é, os limites no interesse político e nas alternativas militares disponíveis para cada um dos lados bem como o empenho de seus povos.

Uma postura diferente reflete o enfoque jominiano diante do mesmo problema: a guerrilha. Por um lado, a guerrilha, ao exigir a dispersão da força para o exercício do controle do território, ao evadir o combate sem abrir mão da luta, ao se dissolver e reconstituir sem preocupação com bases de operações e todo o resto das considerações jominianas, coloca um problema não trivial para o estudioso que queira tratá-la a partir de Jomini. De fato, a reação dos exércitos europeus do século XIX e do início do século XX diante da guerrilha foi a de negar a sua existência e, como resultado, se abrirem a derrotas fragorosas

---

42. SUMMERS, Harry G. *On Strategy*. Nova York, Dell, 1982.

quando a insurgência pôde amadurecer solidariedade política, apoio popular e forças armadas próprias, já que os exércitos fingiam estar diante de bandidos. Por outro lado, a tradição jominiana buscou, na ausência de uma solução para o problema da guerrilha, enquadrá-la numa formulação simples e clara na qual os resultados da forma de guerra "guerrilha" estivessem inteiramente contidos. Isto implicava, de imediato, o abandono de qualquer tentativa de descrever ou analisar o desenvolvimento da guerrilha e se concentrava no resultado final do conflito, quando as forças guerrilheiras travavam batalhas convencionais pelo controle do território.

Assim, num primeiro momento, a leitura da guerrilha como praticada contra Napoleão — sobre a qual Jomini é muito reticente — permitiu a formulação de que "a guerrilha sempre vence". O crucial desta leitura reside na alegada capacidade de se distinguir entre banditismo — que será sempre derrotado — e guerrilha — que sempre vence. Assim, as leituras jominianas transferiam ao comandante na cena de ação o ônus de aferir se os reclamos populares eram desordem e influência de maus elementos ou, de forma tipicamente jominiana, suficientes para que se estivesse diante de uma guerrilha. Esta era uma proposição tautológica: ao se vencer a insurgência, evidenciava-se que ela não era uma guerrilha; ao se perder contra a insurgência, descobria-se que se enfrentara uma guerrilha; dessa maneira, incidentalmente, inocentava-se o comandante que perdesse, pois a guerrilha sempre vence.

Perceba-se como se buscou dar a aparência de rigor àquela afirmativa — a guerrilha sempre vence — pela seleção de exemplos ilustrativos, da mesma forma e com os mesmos limites de Jomini: apresentar os exemplos comprobatórios, omitindo os contraditórios. O fracasso turco contra a guerrilha de Lawrence pareceu comprovar esta regra simples e fácil: a guerrilha sempre vence. Infelizmente, esta regra só pode ser defendida se, automaticamente, todas as instâncias em que a insurgência for derrotada não forem consideradas guerras de guerrilhas: assim, o efetivo controle prussiano do território francês durante a guerra de 1870-71 não podia ser considerado como um caso de derrota de uma guerrilha, já que isto contradiria o que se julgava ser a lei da guerrilha. Da mesma forma, os sucessos britânico e francês contra a insurgência tiveram que ser renomeados não como a derrota da guerrilha, mas sim como casos de distúrbios, onde uns poucos agitadores e maus elementos haviam perturbado a ordem. Outra leitura jominiana, perdida em nosso tempo, tomava tais casos para afirmar o contrário: contra um exército moderno, a guerrilha sempre perdia. Note-se como o hábito jominiano de construir estruturas falsamente científicas prescinde de uma vinculação explícita com a obra original: a tradição jominiana continua sempre que se ceda à tentação de querer reduzir o bélico a expressões simples que assegurem a previsão do resultado.

Em seguida, passa-se ao exame dos dois principais fundadores do estudo da guerra no mar, já agora podendo percebê-los como desdobramentos, para o mundo marítimo, das idéias de Jomini e Clausewitz.

Capítulo 3

# Pensadores da Guerra no Mar

Não se irá muito longe na discussão da guerra no mar se não se perceber que existem, pelo menos, três grandes eras do uso do mar com propósitos bélicos, na paz ou na guerra. Enxergar uma continuidade entre o mais remoto passado e o presente redunda em graves erros de entendimento, que levam a projetar no passado as práticas e problemas do presente, destruindo a possibilidade do aprendizado com a história militar do mar.

Ao descartarmos o período que vai do neolítico até o surgimento das primeiras cidades, podemos perceber que a maior parte da história humana, desde a invasão dos povos do mar sobre o Egito (5500-4500 a.C.) até as batalhas pela posse do Mediterrâneo oriental entre cristãos e muçulmanos (1500-1600 d.C.), foi marcada pelas embarcações cujo tipo mais conhecido é a galera. Esta realidade era conformada pelas limitações impostas pelo remo como força propulsiva; pela limitadíssima capacidade de tanqueamento de água (poucos dias); pela pequena resistência estrutural das embarcações ao tempo (só era seguro navegar de 6 a 8 meses do ano); pela limitada disponibilidade de pessoal para tripular os navios (que obrigava ou ao uso de um grande número de milícias voluntárias por curto período de tempo, ou de pequeno número de escravos de forma permanente); pela extrema dependência do porto base (pela necessidade de dar quartéis de inverno para as tripulações e para reparo das frotas, já que não era fácil mover os artesãos e materiais de um lugar para outro); pelos armamentos, que impunham uma dinâmica de enfrentamento dominante indistinguível da luta de infantaria nos conveses e, por outro lado, a permanente opção de abicar em uma praia e utilizar os navios como fortificações de campo.

Na era das galeras, uma frota podia ser inteiramente criada em menos de um ano, sendo tripulada por um núcleo de marinheiros (pescadores, mercadores) e muitos cidadãos ou súditos, ou escravos, sem nenhuma experiência prévia no mar. Não havia necessidade nem se reconhecia valor na manutenção de uma grande esquadra, na ausência de uma necessidade militar presente imediata. O grande Vegetius[43] argüia mesmo, escrevendo por volta do século III d.C., que para o combate à pirataria bastava criar uma frota de guerra a cada cinco anos, empregando-a durante oito meses — o período entre invernos — para desbaratar os piratas, desmobilizando-a em seguida.

De fato, o conhecimento necessário para construir navios em grande quantidade era relativamente pequeno. Em diversas ocasiões, frotas de centenas de navios foram construídas em alguns meses por um número surpreendentemente pequeno de pessoas: a construção das frotas romanas da Segunda Guerra Púnica, a construção da força de invasão da Bretanha por uma única legião entre 48 e 47 a.C., e a reposição das perdas turcas após a Batalha de Lepanto (1571 d.C.). Percebe-se como estes elementos — em especial, a enorme dependência da terra para as operações no mar, tanto em termos das necessidades logísticas quanto da própria forma de guerrear — configuravam um mundo naval inteiramente diverso do que o sucedeu.

As lições de Vegetius, quanto à equivalência entre a guerra no mar e a guerra em terra, com algumas restrições, tinham total validade. Não há registros de qualquer obra que se pudesse identificar como uma tentativa de formular uma teoria para a guerra no mar no período das galeras. A própria idéia de teoria como a entendemos hoje não existia naquele período. Nesse sentido, os registros de Tucídides[44] sobre *A história da guerra do Peloponeso* constituem uma tentativa historiográfica, com diversas noções úteis e até mesmo inovadoras, mas não são uma teoria da guerra.

O que associamos com A ERA DA VELA teve início com a aventura da Escola de Sagres, pouco reconhecida na literatura contemporânea. Talvez só a corrida para a Lua lhe possa ser comparada em termos de ambição, de recursos e meios mobilizados e de resultados obtidos. Que Dom Henrique o Navegador não tenha podido ver a materialização do sonho de uma embarcação capaz de domar o Mar Oceano (como o Atlân-

---

43. VEGETIUS. *De re militarii*. Várias edições.
44. TUCÍDIDES. *História da guerra do Peloponeso*. Várias edições.

### A vida a bordo dos NAVIOS A VELA

As longas viagens, possibilitadas pelas embarcações a vela, mudaram de forma radical a natureza da vida dos homens do mar. Não se voltava mais à terra ao cabo de uns poucos dias; ao contrário, permanecia-se no mar por semanas e meses. A centralidade que a vida a bordo passou a ter para a identidade dos oficiais e marinheiros vem desta época, porque, até então, era normal que as marinhas fossem formadas para a guerra a partir de alguns navios de Estado, ou resultassem do processo de armamento de navios mercantes ou ainda da incorporação de corsários (*privateers*), fazendo com que, cessado o motivo que havia levado à formação da esquadra, esta fosse inteiramente desmobilizada. Em função das necessidades construtivas dos canhões e das vantagens táticas daí advindas, as marinhas a vela foram se profissionalizando progressivamente, até o ponto em que o serviço naval era uma atividade permanente, de vida inteira, para grandes contingentes dos homens do mar.

tico era então chamado) é apenas mais um elemento que engrandece os quase quarenta anos em que "Portugal deu-se todo para fazer o mundo conhecer o mundo". O navio a vela que nasceu da fusão dos conhecimentos ocidentais e muçulmanos — a caravela — foi a matriz de todos os desenvolvimentos navais da era da vela.

A carraca foi a primeira descendente da caravela em que o papel combatente se sobrepôs às necessidades marinheiras. A necessidade de estabilidade para o disparo dos canhões da carraca foi atendida, em parte, pela concepção de grandes navios — os galeões e os galeões de guerra, verdadeiras fortalezas flutuantes — e, também, por um processo de evolução do jogo de mastros e velas que acabou por configurar a complexa rede de velas e cordames que associamos aos navios da era da vela. Em linhas gerais, tão cedo quanto 1550, a forma do navio a vela já estava definida, embora as questões associadas à otimização das linhas, armamentos, carga, tripulação, navegabilidade e segurança ainda estivessem sendo resolvidas em fins do século XIX. Neste sentido, tanto o *Victory* (capitânea de Nelson), construído em fins do século XVIII, quanto o *Wasa* (maior navio a vela já construído), ou o *Flying Cloud* (talvez o clipper mais veloz já construído) eram extremos do desenvolvimento da idéia original — a caravela — para fins bélicos ou econômicos.

Durante esse processo, cada navio era concebido e construído individualmente, tornando difícil compará-los. Como resultado, os navios foram objeto de várias propostas de classificação que os arranjassem por classes funcionais específicas, permitindo estabelecer equivalências e realizar comparações. Uma primeira classificação, oriunda da observação direta, era orientada por elementos estruturais: números de mastros e conveses como medida da capacidade e tamanho. Outra tinha como referência o número dos canhões, que só ganhou um significado mais preciso quando estes foram padronizados em termos do peso de suas munições. Outra classificação buscava agrupar os navios em função do seu propósito ou, mais freqüentemente, de suas capacidades. No auge da era da vela — 1660 a 1815 —, a classificação dos navios de guerra descendia de sua capacidade de realizar tarefas específicas e de compor a linha de batalha: navios de primeira linha (simplificadamente, os navios de linha, os navios de batalha de 64 ou mais canhões); os de segunda linha (navios de batalha antigos em que o número de canhões era menos importante do que sua incapacidade de enfrentar navios de primeira linha); os de terceira linha (navios com menos que 50 canhões); e os de quarta linha (as fragatas de até 48 canhões). Uma diferença marcante entre navios de terceira e quarta linha dizia respeito a seu desenho: os de terceira linha eram destinados ao combate, sacrificando velocidade; os de quarta linha privilegiavam a velocidade. A estes se acrescentava uma variedade de outros tipos de navios, como por exemplo as corvetas (pequenas embarcações de 10 a 20 canhões de uma variedade enorme de desenhos) e os cruzadores (originalmente, navios a vela destinados às longas expedições de mapeamento, pesquisa e comércio, que acabaram por se consolidar num tipo de navio a vela conhecido como fragata). Apesar da enorme distância entre os navios da MARINHA MODERNA e os do auge da era da vela, os mesmos nomes ainda são empregados, mostrando, de uma maneira bastante sugestiva, como ainda hoje o mundo naval é fortemente influenciado pelo fulgor da era da vela.

Até o século XVIII, as ações no mar eram consideradas semelhantes, em essência, às ações em terra, e não havia nada de extraordinário na nomeação de generais ou nobres para o comando no mar, sem nenhuma experiência prévia. Reconheciam-se as especificidades da vida marinheira e do manejo dos navios a vela, mas isso era considerado, para a boa condução da guerra no mar, menos importante na seleção de um almirante do que o entendimento da arte da guerra ou vínculos aristocráticos. No entanto, deve-se compreender que as marinhas, tal como as entendemos hoje, não se originaram na Antigüidade ou mesmo no período medieval, embora tenha havido navios e guerras no mar nestes períodos. Marinhas são uma invenção recente, datada do início do século XVIII.

A terceira era — a era da máquina — foi marcada em seu início pelas alterações determinadas, em um primeiro momento, por inovações técnicas com ênfase nas áreas propulsivas, metalúrgicas e de armamentos, consideradas isoladamente. Num segundo momento, caracterizou-se pela busca dos melhores arranjos que as possibilidades combinatórias desses elementos permitiam, gerando assim uma dinâmica de inovação complexa cujos efeitos são sentidos até hoje. O fator marcante dessa era foi a vigência alternada da predominância temporária de um entre vários arranjos possíveis e concorrentes, sempre marcada pela presença inercial de componentes do arranjo predominante anterior, pela multiplicação dos elementos do arranjo atualmente predominante e pela presença de ensaios, nem sempre bem sucedidos, de candidatos a arranjos predominantes futuros.

### O nascimento da MARINHA MODERNA

A partir do século XVII, a Marinha inglesa, reorganizada por Samuel Pepys, redefiniu o relacionamento entre as sociedades e a guerra no mar, lançando as fundações do sistema do almirantado e de senioridade naval que perduram de forma praticamente inalterada até os dias de hoje. Por exemplo, a estrutura hierárquica do almirantado reflete uma tentativa de formalização e adaptação ao que originalmente era apenas a partição dos navios disponíveis em vanguarda onde se colocava o almirante da esquadra (*fleet admiral*), seguido do vice-almirante da esquadra (*vice admiral*) que comandava a parte central do dispositivo e, finalmente, o almirante que comandava a retaguarda da esquadra ou contra-almirante (*rear admiral*).

A era da máquina foi ainda marcada pelo desejo de continuidade das práticas e estruturas que haviam sido amadurecidas na era da vela. Apesar disso, a transitividade entre o mundo marítimo e o mundo naval foi reduzida progressivamente, criando problemas de toda a ordem tanto no entendimento quanto no preparo e emprego das marinhas. Em nossos dias, a especificidade técnica da guerra naval chegou a tal ponto que parece mesmo difícil conceber qualquer processo de mobilização que possa prover os meios navais tecnologicamente atualizados no caso da necessidade de seu emprego. A esta especialização extremada das pessoas e coisas que compõem as marinhas se podem associar especulações muito amplas, desde a impossibilidade da expansão das marinhas da paz até, mercê das necessidades políticas, de guerras travadas muito aquém do patamar técnico conhecido.

## Alfred Thayer Mahan

O mais influente escritor de assuntos navais é, sem sombra de dúvida, o Almirante Alfred Thayer Mahan, da Marinha dos Estados Unidos. Seus escritos influenciaram decisivamente toda uma geração de políticos e oficiais, trazendo para o centro do debate político-estratégico a discussão sobre o que ele chamava de "poder marítimo" (*Sea Power*). O Kaiser Guilherme II chegou a declarar publicamente sua intenção de saber de cor o livro *The Influence of Sea Power upon History*, de Mahan, e torná-lo amplamente acessível a todos os seus oficiais. Em uma visita à Grã-Bretanha, Mahan foi saudado com toda a pompa, tendo privado da companhia da Rainha Vitória e do futuro Rei Eduardo VII; foi descrito pelo *Times* como o "novo Copérnico", como se fosse o descobridor da centralidade do mar para a grandeza das nações. Discutir Mahan é, portanto, confrontar-se com um verdadeiro mito.

Mahan foi levado a produzir sua obra a partir do convite, feito pelo Almirante Stephen Luce, para lecionar no então recém-fundado *Naval War College*. A tarefa atribuída a Mahan era a de encontrar conexões entre a prática da guerra em terra e a no mar a partir de exemplos históricos de onde se pudesse derivar um conjunto de lições e preceitos que pudessem ser úteis para a formação dos futuros comandantes da marinha americana.

Diante dessa tarefa, Mahan buscou leituras que pudessem orientar o seu entendimento, acabando por se apoiar em diversos textos de história naval e, de forma marcada, na obra de Jomini; sua confessa ignorância da língua alemã o impediu de ter contato com a obra de Clausewitz, até então sem tradução para o inglês ou francês. Profundamente religioso, sua visão de mundo era marcada pela convicção de que a Providência Divina instruía não apenas o destino dos povos, mas que se manifestava, mesmo, na inspiração que levava a novas idéias. Sua conversão ao expansionismo americano fundava-se na mesma convicção religiosa; Mahan considerava que o principal benefício a ser conseguido por esta expansão era a de distribuir gratuitamente as benesses do Ocidente a todo o mundo. Nesse sentido, é importante perceber Mahan como um homem de sua época, que via o "fardo do homem branco" (uma concepção racista de que os ocidentais tinham por dever civilizar toda a humanidade) como uma realidade e que entendia a dinâmica conflitiva de poder entre as nações como inevitável e necessária ao engrandecimento de qualquer uma delas. Desta forma, Mahan participava de um entendimento do mundo no qual a guerra era uma circunstância recorrente e inteiramente aceitável.

Mahan trouxe um bálsamo que aliviava as angústias de um momento de transição especialmente doloroso para uma marinha como a da Grã-Bretanha, confrontada com a necessidade de readequar-se para a era da máquina, cujos efeitos já se faziam visíveis em todas as dimensões do mundo naval. O vapor questionava o modo de ser de marinhas da era da vela; as granadas de alto-explosivo punham em xeque os navios de madeira; o torpedo ameaçava romper com a proporcionalidade entre o deslocamento dos navios e suas capacidades combativas; o incremento no volume e diversidade no comércio marítimo internacional questionava a predominância do transporte em navios britânicos; a ferrovia acenava com a possibilidade de um desenvolvimento continental independente do uso do mar e dos rios, levando a que países continentais, pela primeira vez, pudessem almejar a prosperidade antes restrita àqueles que possuíam marinhas; o telégrafo reconfigurava as possibilidades de comunicação em terra e a invenção do telégrafo sem fio colocava em dúvida a autonomia plenipotenciária que até então fora a marca do comando no mar.

Além disso, a enorme expansão demográfica resultante dos avanços da medicina e da revolução industrial colocavam em cena questionamentos à própria viabilidade das marinhas como instrumentos bélicos. Por um lado, estes grandes contingentes populacionais podiam ser mobilizados, o que levava à formação de exércitos de massa, cuja dimensão, com o apoio das ferrovias e do telégrafo, podia tornar a projeção de poder sobre terra[45] a partir do mar uma impossibilidade,

---

45. Projeção de poder sobre terra é o nome dado, no jargão militar, ao desembarque de

já que o defensor dispunha de meios e articulação tais que poderia fazer frente a quaisquer ameaças vindas do mar. Isso ameaçava reduzir à irrelevância a opção britânica de fustigar um inimigo continental a partir do mar, o que era sua maneira tradicional de intervir militarmente no continente europeu. É dizer: o contingente que os navios britânicos podiam desembarcar contra o território de um inimigo continental passava a ser irrelevante em face dos exércitos de massa integrados pelo telégrafo, de tal maneira que a opção por incursões ou mesmo a ameaça de tais incursões perdia qualquer sentido prático para o desenrolar de uma guerra na Europa.

Por outro lado, este mesmo crescimento demográfico, ao reduzir as áreas madeireiras em benefício da agricultura, ao mesmo tempo em que dava base fiscal a marinhas de dimensões extraordinariamente grandes, colocava o problema da disponibilidade de recursos madeireiros suficientes para permitir a construção de navios em tal escala. Embora os navios de aço acenassem com a promessa de reconfiguração da construção naval, os navios de madeira, que ainda eram a base das marinhas, exigiam grandes quantidades de madeira de tipos específicos, principalmente para as quilhas e mastros necessários a grandes navios. As projeções da época alertavam para o fim dos estoques naturais de árvores adequadas à construção naval e portanto pesava sobre os almirantados o receio de que não fosse possível continuar a construir marinhas.

Tudo isso constituía a dolorosa realidade com que a Marinha Real se confrontava, ao ver obsoletos e ameaçados todos os elementos sobre os quais sua glória havia sido fundada. Mahan, ao afirmar a continuidade principial da guerra no mar em todos os tempos, apaziguava a agonia da transição ao assegurar a validade dos arranjos e entendimentos das marinhas. Dessa forma, os desafios sociais, políticos e tecnológicos eram menos relevantes do que as lições eternas da guerra no mar. Mahan instrumentalizava o entendimento de que, por mais que as coisas mudassem — navios de metal, exércitos de massa, telégrafo sem fio —, a guerra naval como praticada pelos britânicos nos séculos anteriores seguiria inalterada.

A Marinha americana recebia Mahan de forma diferente. Ao contrário da Marinha britânica, o final do século XIX viu a Marinha dos

---

forças em terra, a partir do mar. Modernamente, passou a incluir, também, a capacidade de se lançar ataques, por mísseis, aviões ou canhões, a alvos em terra, a partir do mar.

Estados Unidos reduzida a uma marinha costeira, tecnicamente obsoleta e despreparada para a guerra moderna. Isto refletia uma continuidade, para a marinha, da tradição militar americana de pequenez e obsolescência na paz e mobilização e modernização na guerra. Mahan era apenas um dentre os muitos americanos que viam em uma marinha oceânica moderna e de grandes dimensões o símbolo e o instrumento da materialização das ambições americanas. Por um lado, isso refletia a necessidade de assegurar o predomínio americano nas Américas; por outro, isso era a forma de atender à aspiração por um papel de destaque nos assuntos mundiais.

Entretanto, ao vincular a grandeza e riqueza dos povos à posse de um grande poder marítimo (tal como ele o definia), e ao apontar os riscos que se anunciavam para a predominância no Caribe advindos da vindoura construção do Canal do Panamá, Mahan articulava de forma sistemática, dando legitimidade pretensamente científica (nos moldes jominianos, em quem Mahan se inspirou) à sua leitura da História em defesa daqueles preconceitos: uma marinha poderosa, uma marinha mercante de grande porte e uma indústria naval plenamente desenvolvida e moderna.

A leitura da História, conduzida por Mahan, não tinha qualquer validade científica. Mahan não chegou às suas conclusões a partir de um longo estudo crítico e reflexão instruída cientificamente; mas sim a partir de uma inspiração, a da centralidade do poder marítimo para a História, expresso na forma do comando do mar. Para ele, o trabalho do historiador era o de "reunir fatos como se reúnem tropas", subordinando-os a uma "idéia central"; alguns fatos, segundo Mahan, "não valiam o evidente trabalho" de identificá-los; e que a paixão dos acadêmicos pela precisão histórica "pode resultar em incapacidade de decidir". Tais idéias foram expostas em sua palestra proferida em 1902 na Associação Histórica Americana e são uma chave importante para a leitura de sua obra[46].

Sua obra é grande, formada inicialmente de séries de conferências proferidas no *Naval War College* e posteriormente transformadas em livros; boa parte de seus artigos, entretanto, fugia a essa característica e atendia demandas do momento, buscando instruir contextualmente

---

46. SPROUT, Margareth Tuttle. "Mahan: evangelist of seapower" in EARLE, Edward Meade (ed). *Makers of Modern Strategy*. Princeton, Princeton University Press, 1971 [reimpressão da edição de 1943], p.415-45.

tomadas de decisão políticas. Mahan tinha uma vida pública intensa, sendo chamado a dar parecer sobre questões navais, assessorando o Congresso dos Estados Unidos, realizando viagens de palestras e propugnando o seu entendimento sobre o que deveria ser a Marinha dos Estados Unidos.

Assim sendo, Mahan nunca escreveu uma obra de síntese de suas idéias, que se encontram dispersas por seus livros, artigos e conferências. Isso serve de alerta para que não se superestime a importância de seu livro mais famoso, *The Influence of Sea Power upon History*.

Mahan era um escritor e não um cientista. Suas idéias nunca foram apresentadas integralmente, em uma exposição que as mostrasse de forma completa e com a meta de explicitar o seu entendimento sobre a guerra no mar. Mahan compartilhava uma descoberta e não um processo de análise. Seu uso da história era ilustrativo, aduzindo casos que pudessem dar sustentação às suas idéias. Alguns capítulos introdutórios chegam a arrolar considerações mais abrangentes; alguns textos sintetizam partes do pensamento mahaniano; mas, aparentemente, nunca ocorreu a Mahan produzir uma espécie de "Sumário da Arte da Guerra" no mar.

A convicção de Mahan sobre a centralidade do comando do mar e do poder marítimo não estava aberta a críticas: era um aforisma sobre o qual ele erigiu nem tanto uma estrutura lógica de teoria naval quanto uma versão da história que ilustrasse a validade principial deste aforisma. Sobre suas idéias, construiu-se uma série de proposições de caráter, na prática, dogmáticas, consolidadas em palavras de ordem, concepções, conceitos e lemas, em parte difundidos pelo próprio Mahan, em parte nascidos do desejo de expressar de forma simples e sintética toda a discussão sobre as alternativas do preparo e emprego das marinhas. O exemplo mais difundido é o famoso: "nunca divida a esquadra!", que consta em vários parágrafos de sua obra *Naval Strategy Compared and Constrasted with the Principles and Practice of Military Operations on Land* (Estratégia naval comparada e contrastada com os princípios e práticas das operações militares em terra).

## O legado de Mahan

Para que se possa ter uma apreciação do significado e do legado do Almirante Mahan, é adequado que se façam duas exposições complementares. A primeira, de alguns pontos marcantes de sua contribuição, recortados de forma a permitir um primeiro contato com o mais original de seu pensamento. A segunda, mais desenvolvida, onde se busca mapear de forma preliminar o legado de Mahan, apresentando algumas considerações sobre as formas de sua evolução e validade.

Em seu primeiro livro — *The Influence of Sea Power upon History* (1890) —, Mahan inicia com uma digressão a respeito do que foi alterado e do que não foi alterado na guerra no mar com o advento dos navios a vapor, contrastando-os com as características dos navios a remo e a vela. Para ele, embora algumas realidades táticas tenham sido modificadas, a condução da guerra no mar, de um ponto de vista estratégico, permanecia a mesma; também permaneciam as condições que permitiam a uma nação (para permanecermos fiéis à linguagem mahaniana) utilizar em seu proveito aquele "amplo caminho comum" que é o mar. Para tanto, era necessário que essas nações dispusessem de um grande poder marítimo. Cabe destacar que o que ele chama de poder marítimo distingue-se marcadamente da simples posse de uma grande ESQUADRA DE COMBATE. Tratava-se, na verdade, do conjunto das atividades e recursos voltados para o uso do mar, incluindo o comércio marítimo, as atividades de construção naval e suas forças navais.

Um grande poder marítimo, para Mahan, decorria de seis condições fundamentais, que ele chamava de "as fontes do poder marítimo":

### ESQUADRA DE COMBATE

Um elemento central para o entendimento da discussão naval é a idéia contida num dos diversos significados da palavra inglesa *fleet*, que por vezes é traduzida por esquadra, frota ou, até mesmo, armada. Da mesma maneira, inexiste uma tradução para o termo que descreve o acervo dos navios de combate de uma marinha do tempo da vela: em inglês, "*battle fleet*", arrumada segundo os princípios de classificação dos navios que podiam ser engajados no combate em linhas. O termo "esquadra de combate" será empregado neste *Guia* para designar esta fração dos navios de uma marinha; outras divisões, no mesmo molde, seriam ainda os cruzadores (tarefa que, no mundo da vela, cabia às fragatas); e a "flotilha" (*flotilla*, em inglês) que agregava a quantidade de pequenas embarcações e navios que integravam as marinhas.

a posição geográfica de um país; sua configuração física; sua extensão territorial; sua população; aquilo que ele chamava "caráter do povo"; e, por fim, o que ele chamava de "caráter do governo".

A posição geográfica de um país expressava sua localização em relação às rotas marítimas e ao território de outros Estados; nesse sentido, o grande exemplo eram as Ilhas Britânicas, cuja posição deixa ao Reino Unido a flexibilidade no uso de seus navios sobre as rotas oceânicas do Atlântico Norte e que, ao mesmo tempo, eram suficientemente próximas do continente europeu para projetar suas forças sobre ele. Esta vantagem inicial foi racionalmente expandida pela aquisição de bases que permitiram à Grã-Bretanha exercer um papel decisivo no desenrolar da vida econômica de outros mares, como por exemplo Gibraltar no Mediterrâneo.

A configuração física e extensão de um dado território nacional influencia a disposição com que um povo busca e pode vir a obter o poder marítimo. Bons portos e ancoradouros, o fato de ser uma ilha, de dispor de uma grande costa, não dispor de um território grande o suficiente para lhe permitir obter por si mesmo os recursos naturais necessários à sua vida econômica, tudo isso contribui decisivamente para o interesse de um país na posse de poder marítimo. Ao contrário, grande extensão territorial e abundância de terras férteis, além de uma costa que dificulte as atividades marítimas, podem obstar o desenvolvimento do poder marítimo de uma nação.

O caráter do povo e a fração da população ocupada com assuntos marítimos eram da mais alta relevância para o poder marítimo. Por um lado, só um povo inclinado à construção de navios e propenso ao comércio poderia dispor dos conhecimentos e práticas essenciais para a expansão, quando necessário, das forças navais combatentes. Por outro, quão maior fosse aquela fração, maiores seriam os contingentes e recursos passíveis de incorporação no esforço naval. De fato, Mahan preocupava-se com a convicção americana de que seu enorme potencial tornava desnecessário dispor de força naval considerável em tempo de paz. Mahan foi um dos primeiros a articular a especificidade de uma força suficiente para assegurar o tempo necessário à mobilização dos recursos nacionais nos exércitos e forças navais dos tempos de guerra.

O caráter do governo era de crucial importância para a obtenção do poder marítimo: políticas bem ordenadas e conduzidas sistematicamente por um longo tempo (sucessivos governos) acabavam por gerar um grande poder marítimo. Mahan salientava que tal continuidade de propósitos era mais facilmente encontrada em governos monárquicos do que em democráticos, uma vez que, nestes, tendia a haver uma resistência aos grandes investimentos militares, cujo retorno nem sempre era facilmente visível. A administração, orientação e direção dos assuntos navais pelo governo, bem como o estímulo governamental à produção de navios e ao comércio eram determinantes no desenvolvimento do poder marítimo. Ao decidir sobre o tamanho, aprestamento, doutrina de emprego e uso das marinhas na guerra, o governo podia ter grande influência na evolução do poder marítimo de um país.

Um grande poder marítimo supunha, para Mahan, uma grande força naval, cujo propósito era proteger a capacidade de uma nação em usar o mar. Para ele, a melhor maneira de fazê-lo era obter o comando do mar. Isso significava a neutralização definitiva de forças que pudessem interferir ou ameaçar o seu comércio. Nesse sentido, o objeto de toda e qualquer esquadra de combate era sempre a esquadra de combate inimiga. Mahan resistia a que marinhas fossem empregadas de maneira estritamente defensiva: a melhor defesa, dizia ele, era sempre destruir o quanto antes a esquadra de combate inimiga. Segundo Mahan, o comando do mar não era divisível nem admitia relativização, já que se escorava no entendimento de que o mar era indivisível. Assim, a melhor garantia de que um país tivesse uma grande esquadra era a existência de fortes interesses comerciais ou não militares no mar. A alternativa era a posse de uma esquadra de combate com fins exclusivamente expansionistas ou agressivos, situação que, para Mahan, decididamente não era a dos Estados Unidos.

Para obter o comando do mar, Mahan identifica quatro princípios fundamentais da guerra no mar: a concentração de forças; uma posição central com relação às forças inimigas; operar a partir de linhas interiores; e dispor de uma boa linha de comunicação. Mahan ecoava assim, para a guerra no mar, os princípios jominianos da estratégia, transpondo-os e adaptando-os.

Em perfeita harmonia com Jomini, Mahan via na concentração de forças a chave da estratégia; a posição central, as linhas interiores e as linhas de comunicação eram formas e considerações adicionais necessárias à produção da maior concentração possível de forças no ponto decisivo. Para Mahan, como para Jomini, as guerras eram ganhas em batalhas.

O que era crucial era concentrar a força para a batalha, o que, no mar, se traduzia em duas vertentes principais. A primeira afirmava de forma categórica que os encouraçados — os navios de batalha por excelência, os navios de linha — eram tudo o que importava, no limite, a uma marinha. A flotilha ou os cruzadores — considerados navios de apoio ao combate, seja como escoltas, seja como esclarecedores — só eram admissíveis enquanto alternativa de composição da força naval enquanto não concorressem com a aquisição e aprestamento do maior número possível de grandes navios de linha voltados principalmente para o combate contra outros navios de linha: a esquadra de combate.

A segunda vertente dizia respeito à forma de emprego da esquadra de combate na guerra. Ela devia ser empregada de forma concentrada, o que, segundo a visão mahaniana da busca da batalha, significava que os encouraçados deviam ser compostos numa única força e enviados para "buscar e destruir a esquadra inimiga". Esta concepção, uma vez mais jominiana, de uma forma ideal de conduzir a guerra tinha tradução mahaniana na idéia de que o comando do mar seria produzido pela vitória contra a esquadra de combate inimiga, resolvendo em um único embate a guerra no mar, o que fazia deste enfrentamento a batalha decisiva da guerra naval.

Esta estratégia, para Mahan, deveria ser conduzida em qualquer circunstância, sem jamais dividir a própria esquadra de combate, independentemente do risco de que, ao se buscar a esquadra inimiga, o próprio território, o próprio comércio e o próprio exército embarcado fossem ameaçados por forças navais inimigas. "Nunca divida a esquadra" é a máxima mahaniana por excelência. Obter o comando do mar pela neutralização da esquadra inimiga era a única razão de ser de uma esquadra, segundo Mahan.

Observe-se assim como é forte a continuidade principial estabelecida por Mahan com o mundo pré-industrial: não há necessidade de qualquer alteração diante dos exércitos de massa, nem dos enormes fluxos marítimos, pois a esquadra nada tem a fazer com relação a estes; seu único objetivo é a esquadra de combate inimiga. Este resultado geral, principial, eterno, sobre a guerra naval instruía uma tomada de decisão radical: por um lado, a construção de marinhas absolutamente centradas na esquadra de combate, ou seja, em encouraçados, em detrimento de todos os demais navios; por outro, de forma ainda mais incisiva, esta estratégia (para mantermos a linguagem de Mahan) exigia o abandono consciente de quaisquer esforços — qualquer divisão da esquadra — em atividades que buscassem explorar o uso do mar, contestar este uso pelo inimigo ou mesmo de se dar resposta a iniciativas de contestação do uso do mar pelo inimigo, *até o momento em que a esquadra inimiga fosse destruída*; quando então, segundo esta estrutura, o comando do mar estaria assegurado.

Mahan reconhecia a necessidade de que a esquadra voltasse ao porto durante o inverno — quando podiam ser efetuados os reparos necessários e a tripulação descansava —, já que o estado do mar no Atlântico Norte nesse período praticamente impedia a permanência dos navios na busca da esquadra inimiga. A partir de certa distância entre as bases de apoio e as áreas de operação, as limitações temporais advindas da aproximação do inverno eram de tal monta que, na prática, impediam a consecução do objetivo de neutralizar a esquadra inimiga. No Mediterrâneo, por exemplo, caso a esquadra britânica quisesse voltar ao porto de origem, na Grã-Bretanha, a tempo de evitar os rigores do inverno, era necessário que ela iniciasse o movimento de retorno tão cedo quanto o mês de agosto, o que lhe deixava, então, com apenas cinco meses de operação, sem descontarmos o tempo de trânsito. Esta situação era pior ainda para os navios a vapor, já que o reabastecimento de carvão no mar era impraticável. Fica clara a inconveniência do retorno a bases distantes quando se pensa nas dimensões extracontinentais do Império Britânico.

Assim, tornava-se premente, para qualquer marinha, a aquisição de portos (ou, no mínimo, a aquiescência dos governos que os controlassem) em locais que permitissem um prolongamento do tempo de operações. Como a mera cessão destes portos por outros governos era um expediente pouco confiável, era imprescidível que se estabelecessem colônias ou, ao menos, bases navais praticamente auto-sustentáveis, em todas as regiões relevantes. A afirmação da necessidade de uma rede de bases navais coroa a construção mahaniana, integrando os interesses dos Estados ao poder marítimo.

Nesse sentido, pode-se ver como as idéias de Mahan estavam em consonância com a realidade política americana do final do século XIX, particularmente com as idéias e políticas expansionistas de Theodore Roosevelt.

Esta exposição sumária dos principais pontos do pensamento mahaniano admite algumas considerações sobre sua validade, atualidade, consistência e utilidade. É verdade que muito — talvez a maior parte — do legado mahaniano foi transmitido na forma de máximas, aforismas e o que se denomina erradamente de "princípios mahanianos" (Mahan só afirma quatro princípios, e pode-se mesmo afirmar que a concentração de forças é o único verdadeiro princípio mahaniano).

É essencial que se entenda o cerne da mensagem mahaniana, que podemos resumir nas seguintes proposições. O poder marítimo é o elemento decisivo para a grandeza das nações. O poder marítimo possui uma base científica que permite conceber e aplicar a estratégia naval perfeita. O fundamento e a essência da estratégia naval perfeita é a concentração de forças contra forças: aniquile a esquadra inimiga e todo o resto se resolve.

Estas convicções o sustentaram através de questionamentos que teriam dobrado uma fé mais frágil: a transição para o vapor, a inviabilidade do bloqueio aproximado, o uso do rádio, dos submarinos, da arma aérea. A todos estes desafios, Mahan respondia com simplicidade: nada jamais mudaria na dinâmica do poder marítimo.

## Julian Stattford Corbett

Corbett foi o primeiro escritor de assuntos navais a buscar integrar a teoria da guerra de Clausewitz ao estudo da guerra no mar. Neste sentido, Corbett apresenta-se como o contraponto clausewitziano às considerações de inspiração jominiana tecidas por Mahan. Deve-se ter cuidado em não tomar o relacionamento entre Corbett e Clausewitz, entre Mahan e Jomini como expressões do mesmo tipo de descendência intelectual e metodológica. Corbett pretende utilizar Clausewitz para refletir sobre a guerra no mar; trata-se de um desdobramento teórico explicitamente assumido. Mahan, a partir de sua percepção inicial, toma Jomini como um exemplo, uma fonte adicional de inspiração, utilizando-se de elementos de Jomini que considera úteis, sem a pretensão de estar trazendo o *Précis* para o ambiente marítimo.

Filho de um arquiteto rico, Corbett formou-se em Direito, por Cambridge, e nunca exerceu a profissão, vivendo de suas posses, e acabando por se dedicar a uma carreira literária, que desdobrou em obras de história naval e em sua atividade como professor na Marinha Real.

Corbett foi um dos membros fundadores da *Navy Records Society*, que objetivava editar e publicar coleções de documentos da história naval britânica, o que lhe permitiu ter respaldo historiográfico para diversas de suas obras e reflexões. A reputação de Corbett como um historiador naval sério — distinta da de romancista e historiador popular de seus primeiros trabalhos — começou com o sucesso de seu livro *Drake and the Tudor Navy* em 1898. Em 1900, Corbett deu continuidade a esta obra com um novo livro sobre os sucessores de Drake, amadurecendo sua capacidade e reputação de estudioso e analista de assuntos estratégicos navais.

Corbett voltou-se definitivamente para a historiografia naval, identificando a tendência de que a história naval e a educação de oficiais de marinha teriam grande crescimento e reconhecimento no novo século. Dedicou-se a uma série de artigos políticos engajando-se no movimento pela reforma naval. Um destes artigos, em que apoiava a reforma da educação naval, em prol de uma maior sistematicidade e rigor, chamou a atenção do Almirante Fisher, então Segundo Lorde do Almirantado, o que levou a um convite para atuar como professor do recém-fundado curso de guerra do *Royal Naval College.*

Sendo um civil ensinando militares, e um especialista de assuntos militares escrevendo para o público em geral, Corbett foi levado a ponderar as restrições políticas que moldavam a estratégia e a especificidade militar dos meios navais. A ênfase era em uma educação que evitasse simplificações excessivas — Corbett alertava, privadamente, contra o uso indiscriminado de Mahan —, e que levasse os oficiais, ao longo de suas carreiras, a poderem lidar com a complexidade da guerra no contexto de decisões e influências políticas.

Neste processo, Corbett acabou por difundir as palestras que preparava para a Marinha Real para a Universidade e mesmo para o público em geral através de seus livros. O sucesso comercial e a crescente densidade e pertinência de seus questionamentos, lado a lado com sua publicação de artigos políticos, acabaram por aproximá-lo do círculo íntimo de amigos de Fisher. Como resultado, Corbett passou a ter acesso a documentos reservados e suas críticas e sugestões acabaram por conduzi-lo a um relacionamento com o mais alto círculo decisório da Marinha e à assunção de responsabilidades pela ênfase em estratégia no curso de guerra.

A consciência de que a maioria dos oficiais tinha uma notória carência de leituras essenciais em questões de estratégia levou Corbett a proferir uma série de palestras sobre a teoria clausewitziana à luz das questões navais. Mesmo para estas existiam lacunas de entendimento para os oficiais, o que levou à redação de um pequeno texto de consolidação de entendimentos e termos, um documento reservado intitulado *Strategic terms and definitions used in lectures on naval history,* mais conhecido pela cor de sua capa: o *Green Pamphlet*, que viria a ter, pelo menos, duas versões nos anos seguintes. Destas palestras e do *Green Pamphlet* viria o seu livro mais famoso: *Some Principles of Maritime Strategy* (1911).

É facil se subestimar a importância de Corbett numa época em que o entendimento de Jomini e de Clausewitz estava condicionado à tentativa de uma conciliação entre as suas obras e, muito particularmente, numa época em que o apego às teorias — ao menos os aforismas e princípios — de Mahan era, mais que uma filiação intelectual, uma adesão emocional. Corbett, um civil inaugurando o espaço da reflexão intelectual sobre estratégia da guerra no mar dentro de uma marinha, era especialmente cuidadoso em evitar um confronto direto com as predisposições culturais e doutrinárias de sua época. Ainda assim, o esforço de Corbett em extrair de Clausewitz a estrutura pela qual se dá um tratamento teórico rigoroso, propriamente científico, às questões da guerra no mar, foi, de fato, a expressão explícita do que eram reflexões e debates que ressoavam nos mais altos escalões da Marinha Real na era Fisher.

Corbett estava no centro do processo de integração da Marinha Real, ministrando palestras sobre história naval e estratégia, vindo ainda a colaborar com o Exército Britânico na educação de seus oficiais que cursavam a Escola de Estado-Maior do Exército em Camberley. Fisher entendia que o *Naval War College* e o *Dreadnought* seriam cérebro e meio de uma revolução. Corbett levou a que Fisher explicitasse um segundo papel para o *Naval War College*, como laboratório de idéias (*think tank*) bem como escola, contornando a necessidade de um estado-maior naval a que Fisher resistia. Corbett assim tornou-se uma parte essencial do nível decisório mais alto da Marinha Real e seus escritos, mesmo que isso não fosse explícito na época, eram praticamente a doutrina estratégica da Marinha Real.

Durante toda a sua vida, Corbett enfrentou resistências quanto a suas idéias, tanto entre os oficiais quanto no público em geral. Parte destas resistências advinha de uma desconfiança quanto ao fato de que ele não era um oficial. Vários escritores, entre eles o famoso Fred T. Jane — fundador do que é hoje o *Janes Information Group* —, acorreram, de público, em sua defesa, bem como alguns oficiais. Entretanto, a sua história oficial da I Guerra Mundial no mar, prevista para vários volumes sob encomenda do Almirantado Britânico, acabou por ser desautorizada pelo próprio Almirantado. Seu terceiro volume, publicado após a morte de Corbett, trazia uma nota em que o Almirantado afirmava estar em inteiro desacordo com algumas das conclusões de Corbett. Nesse sentido, o percurso e a obra de Corbett se integram ao doloroso processo pelo qual o pretenso monopólio da competência em assuntos militares das forças armadas foi questionado. Por se tratar de uma contribuição de peso à discussão da guerra, *Some Principles of Maritime Strategy* é hoje uma obra clássica dos estudos estratégicos.

## A herança de Corbett

Corbett inicia suas reflexões em *Some Principles of Maritime Strategy* pela consideração de que a guerra no mar é parte integrante da guerra em terra; afinal, é na terra que as pessoas vivem, e pelo que ocorre ou pode ocorrer em terra é que as guerras são decididas. Assim, com uma frase, Corbett se distingue de forma decisiva de toda a literatura estratégica que pretende que a guerra naval exista ou possa existir em si mesma, que seus resultados possam ser tomados como importantes ou decisivos em si mesmos, que exista a guerra naval distinta e separada como algo mais do que a guerra no mar.

Essa realidade instrui todo o entendimento corbettiano do que seja a guerra no mar, deslocando suas preocupações da esquadra inimiga e seu enfrentamento para a questão verdadeiramente central do uso do mar. Assim, para Corbett, o que está em jogo não é o comando do mar no sentido mahaniano da destruição da esquadra inimiga; mas sim, o comando do mar como expresso nas possibilidades reais de utilização do mar para os propósitos de cada um dos lados numa guerra.

A idéia corbettiana de *comando do mar* — expressão que ele utiliza, é importante enfatizar, em um sentido inteiramente distinto do de Mahan — não admite analogia com o controle de uma determinada área territorial por um exército; não resulta da posse de uma força amiga que tenha ilimitada liberdade de trânsito no mar; nem decorre automaticamente da destruição da esquadra inimiga. Para Corbett, o comando do mar é circunstancial, traduzindo-se antes na capacidade de utilizá-lo, e não no domínio sobre ele.

Segundo as próprias palavras de Corbett no *Green Pamphlet,* "o comando do mar não significa que o inimigo não possa fazer absolutamente nada, mas que ele não pode interferir *seriamente* com as iniciativas pelas quais nós tentamos obter o propósito da guerra e impor nossa vontade sobre ele"[47]. Assim, Corbett admite várias gradações do comando do mar, que pode ser geral ou local, temporário ou permanente. Este entendimento se desdobra em um arcabouço teoricamente estruturado, que confronta diretamente diversos dos aforismas e princípios mahanianos.

---

47. CORBETT, Julian S. *Some Principles of Maritime Strategy*. Annapolis (Maryland), Naval Institute Press, 1988 [1911]. Apêndice, p.318.

Esta concepção de que o que está em pauta na guerra no mar é o atendimento do propósito da guerra e a imposição de nossa vontade ao inimigo reflete a inserção clausewitziana de Corbett, ao explicitar que o propósito da guerra é que deve ser orientador de quaisquer considerações que digam respeito à sua condução. Aqui é importante destacar a distância que esta consideração, aparentemente simples, coloca com relação à visão mahaniana da necessidade imperiosa de buscar a esquadra inimiga em qualquer circunstância; destaque-se, também, como esta ponderação desvela como perigosa a idéia de que o comando do mar exija, por si só, a destruição prioritária da esquadra inimiga, já que é menos importante obter o domínio absoluto do mar do que poder utilizá-lo para os nossos propósitos na guerra.

É preciso esclarecer que Corbett escreveu seu texto consciente das resistências que suas idéias suscitavam nos círculos navais e na opinião pública de seu tempo, profundamente convictos da verdade dos preceitos de Mahan. Como resultado, seu texto obedece a uma estrutura menos direta do que seria de se esperar num texto científico. Ao invés de expor imediatamente suas hipóteses e considerações, ele oferta, inicialmente, um determinado entendimento — não necessariamente mais do que um aforisma ou uma prática recorrente na época, cuja omissão poderia ser tomada como argumento de sua ignorância; entretanto, Corbett não pára aí: ele desenvolve um raciocínio crítico pelo qual os limites e as deficiências desses entendimentos e aforismas são expostos e apresenta construções consistentes sobre as dinâmicas de que estes tratavam.

Assim, o texto de Corbett tem uma dupla estrutura: por um lado, ele percorre um encadeamento clausewitziano desde a teoria da guerra até a especificidade dos engajamentos e meios de combate navais; por outro, em cada uma destas partes, ele constrói o seu raciocínio retornando sempre a um entendimento vigente antes de expor seus resultados sobre os temas de que trata.

Neste processo, Corbett exprime o que é talvez um dos melhores exemplos da riqueza do edifício clausewitziano, permitindo emprestar consistência e lógica a um entendimento da história naval em toda a sua riqueza e complexidade, confrontando os entendimentos simplistas e reducionistas que marcavam o seu tempo e impediam a visão adequada do papel das marinhas nas guerras. Aqui, só é possível lançar luz sobre alguns dos núcleos centrais do pensamento de Corbett.

Tendo em mente o cuidado com que Corbett apresenta os seus resultados, é preciso que se tenha atenção para algumas das circunstâncias sob as quais ele produziu a sua obra. Corbett tem de dar conta do entendimento de seu tempo de que a revolução napoleônica teria tornado obrigatório que todas as guerras fossem guerras ilimitadas, no estilo napoleônico. A leitura da época enxergava uma falsa convergência entre Jomini e Clausewitz, que girava em torno da intensidade do engajamento dos povos nas guerras e que resultaria em guerras ilimitadas. Corbett deseja mostrar como o caráter das guerras decorre dos objetos em disputa ou, ocasionalmente, dos meios passíveis de emprego e não de um automatismo nascido da experiência napoleônica que obrigaria a guerras ilimitadas. Corbett explicita que, no caso de guerras terrestres, uma invasão de território nacional coloca em pauta um objeto de valor principial — a integridade do território nacional — que, por sua vez, tende a produzir um engajamento ilimitado do defensor para resgate do território perdido.

Desta forma, Corbett não questiona o entendimento de que guerras no continente venham a ocorrer no padrão napoleônico. Ao ponderar, no entanto, a questão de colônias ultramarinas ou de territórios remotos, Corbett inicia um estudo detalhado das condições específicas pelas quais guerras limitadas podem ter lugar.

A limitação de interesse pelo objeto da disputa estabelece limites ao empenho com que se travará a guerra, determinando uma situação em que ambos os lados limitarão os custos da guerra, abrindo-se a acordos de paz. Indo além desta assertiva clausewitziana, Corbett se debruça sobre os enfrentamentos britânicos em colônias de outros Estados europeus para demonstrar que há ainda a necessidade de levar em conta as circunstâncias em que, *independentemente do valor do objeto*, existam limites à quantidade de meios passíveis de aplicação. O mar, longe de ser o grande caminho comum, passa a ser uma barreira intransponível para aquele que não disponha de meios adequados. O que está em jogo é a possibilidade de que, em uma luta colonial, se isole a colônia de sua metrópole, permitindo que no teatro de guerra se crie uma superioridade local à revelia do balanço geral de forças.

A conquista do Canadá pelos britânicos pode ser tomada como exemplo do que Corbett irá chamar de *força da guerra limitada*. Considere-se que os exércitos franceses eram muito mais numerosos que os ingleses. Se o Canadá fosse uma província francesa na Europa, as forças francesas seriam empenhadas em função do interesse francês na defesa desta província, no caso de uma invasão britânica. O que há de excepcional é exatamente que o acesso da França ao Canadá dependia do uso do mar. Ao realizar um bloqueio do Canadá, os britânicos criaram uma situação na qual as forças francesas que defendiam a província não poderiam contar com reforços substanciais. Os britânicos, ao contrário, tinham grande liberdade no uso do mar e puderam empreender a invasão com as forças que julgaram necessárias. Assim, independentemente do valor que o objeto Canadá tivesse para os franceses, a luta pela posse dessa província se deu na forma de uma guerra limitada pelos meios.

Note-se que este raciocínio simplifica a exposição de Corbett, objetivando ressaltar o interesse de sua conclusão não trivial da força da guerra limitada. Em *Some Principles of Maritime Strategy*, o autor vai mais além e pondera como o fato de a Grã-Bretanha ser uma ilha impede que a França escale o conflito e ameace a metrópole britânica; pondera ainda que, com parte de sua esquadra engajada no bloqueio do Canadá, o que está em jogo para os britânicos é que sua esquadra metropolitana (em águas européias) imponha um risco inaceitável a uma aventura militar francesa, e não que impossibilite o uso do mar para o comércio pelos franceses ou, menos ainda, que saia procurando a força naval francesa para destruí-la.

Esta clara subordinação da ação da esquadra ao propósito da guerra — a conquista do Canadá — tem precedência sobre a ambição do senhorio do oceano (o comando do mar no sentido mahaniano) que imporia como única ação correta a busca da esquadra francesa para destruí-la. Mais ainda, a análise de Corbett ilumina de forma irrefutável a propriedade de uma divisão da esquadra, com parte dela destinada ao bloqueio do Canadá, com postura ofensiva, e a outra parte, em águas européias, com postura defensiva. Desta forma, Corbett coloca em termos muito claros a inadequação do preceito de indivisibilidade da esquadra, bem como rejeita por simplificante a máxima jominiano-mahaniana de que só a ofensiva deveria ter lugar nas guerras.

Mas o ponto crucial aqui é, desde o ponto de vista da teoria clausewitziana, em seu entendimento corbettiano, que o Canadá pôde ser conquistado por um esforço limitado, passando as vantagens da defesa — no caso de um desejo francês de retomada — para os invasores britânicos. A França pode se preparar para a reconquista do Canadá em uma outra guerra, tendo para isso que construir uma esquadra capaz de lhe permitir a passagem pelo Atlântico e um exército que terá, de fato, que invadir o Canadá contra os seus novos donos, que se beneficiarão da força que a posição defensiva lhes empresta bem como da possibilidade de vitória no enfrentamento das esquadras ou apenas de uma situação em que o risco de interceptação no mar do exército de reconquista francês seja inaceitável.

O fato consumado que a guerra limitada pode oferecer dialoga com a aparente contradição entre as vantagens de uma guerra limitada nos meios com objetos ilimitados. Considere-se a situação em que a França tivesse liberdade de reforçar o Canadá: as vantagens clausewitzianas da defesa estariam com ela. Porque o Canadá é separado pelo mar da metrópole, o bloqueio britânico limita a quantidade de força que a França pode empenhar na defesa do Canadá. Esta força, limitada, detém as vantagens da defesa, mas pode ser superada pela liberdade de reforço que os britânicos possuem. Ainda que os exércitos franceses, em seu conjunto, sejam maiores que os exércitos britânicos em seu conjunto, o comando do mar (no sentido corbettiano) pelos britânicos permite que estes concentrem uma fração tal de suas forças que lhes dá superioridade local sobre as tropas francesas no Canadá, ao mesmo tempo em que impede que a França reforce estas forças. A continuidade da existência da esquadra francesa é uma variável menor para a obtenção do propósito da guerra britânico (a conquista do Canadá); o uso do mar por britânicos e franceses é a questão central.

A guerra tem lugar e eventualmente os franceses no Canadá se rendem. Os britânicos, de posse do território, não são mais atacantes, mas proprietários. Sua guarnição se estabelece, o povo é subordinado, o conhecimento e preparação do terreno começam a se acumular. Muito em breve, os britânicos detêm as vantagens da defensiva, impondo aos franceses a necessidade não de um contra-ataque, mas de uma ofensiva deliberada contra um território que lhes é agora hostil, para o que deverão empregar muito mais forças do que antes teriam sido necessárias para defendê-lo com sucesso, podendo, desta forma, ter um custo que não estejam dispostos a pagar — quando a dinâmica da limitação da guerra pelo objeto passa a ter prevalência, levando a uma acomodação em que os britânicos atingem os propósitos da guerra. Assim, o que parecia ser uma situação em que a superioridade dos meios franceses no conjunto sugeria a impossibilidade de uma vitória britânica revela-se, pelo adequado entendimento da força da guerra limitada, uma situação em que a vantagem de fato residia com aqueles que detinham o comando do mar (no sentido corbettiano).

É importante perceber que esta descoberta da força da guerra limitada não a faz obrigatória nem inevitável. Podem existir objetos que, explorando o exemplo acima, valham o custo para os franceses de construir uma esquadra, equipar um exército e buscar obter para si o comando do mar (no sentido corbettiano). Pode ser mesmo que as necessidades militares da reconquista do Canadá sejam de tal monta que os franceses optem por tentar desarmar os ingleses para obterem o retorno da posse de sua província. Do momento em que a meta francesa passasse a ser o desarme dos britânicos, passaria a existir uma guerra potencialmente ilimitada tanto em terra como no mar.

Corbett tem a tarefa de expurgar o pensamento naval das simplificações e reducionismos que tinham sido incorporados a partir das diversas leituras dos trabalhos de Mahan. Nesse sentido, em toda a sua obra, Corbett enfrenta a espinhosa tarefa de ter que encontrar formas de criticar as carências e perigos da leitura mahaniana sem no entanto dar margem à rejeição de suas ponderações pelos fatos de que Mahan é considerado como perfeito ou de que Corbett é um civil que nunca comandou navio nenhum. Quatro dos preceitos mahanianos servirão aqui como exemplos do valor e empenho de Corbett neste trabalho: a idéia da concentração, a idéia da esquadra em potência, a idéia da predominância do navio de linha no projeto das forças e a batalha decisiva.

Corbett observa que a transposição da idéia jominiana da concentração de forças em terra, feita para o mar por Mahan, ignora tanto a especificidade quanto as necessidades da guerra no mar. A idéia de que a concentração da esquadra de combate corresponde à junção de todos os esquadrões e navios em uma única massa é um desdobramento simplista e perigoso da lógica jominiana da concentração dos corpos e tropas do exército no campo de batalha. Desde logo, a questão das bases navais e da dispersão dos esquadrões da esquadra inimiga colocam em tela que o atendimento do preceito mahaniano — que ordenaria toda a esquadra de combate contra uma única destas bases, buscando forçar aquela parte da esquadra inimiga ao combate — é simplesmente inexeqüível. Por um lado, só um inimigo tolo sairia da proteção de suas bases fortificadas com uns poucos esquadrões para enfrentar a esquadra inimiga concentrada. Por outro lado, a concentração da esquadra contra uma única base, além de não produzir o resultado pretendido, ainda liberava os esquadrões inimigos de outras bases para perturbarem o comércio, ameaçarem os portos amigos e mesmo, no limite, invadirem o território nacional.

Concentração naval, para Corbett, não pode ser a reunião de todos os navios de linha numa única formação. Ao contrário, concentração naval é um determinado arranjo que aloca esquadrões às diversas tarefas que a esquadra tem de desempenhar, de tal forma que é possível reunir ou dispersar os esquadrões em resposta a qualquer ação do inimigo, assegurando vantagens táticas localizadas. Assim, o que para Mahan era erro — a divisão da Esquadra britânica em cinco forças durante as Guerras Napoleônicas —, por não ser concentração, para Corbett era a própria concentração: cada uma das forças estava situada e em comunicação com as demais de tal maneira que, antes que qualquer força inimiga concebível pudesse explorar a fraqueza local de uma dessas forças, uma grande parte ou mesmo a totalidade da esquadra podia ser reunida. Note-se como hoje o entendimento corbettiano é a prática: fala-se em concentração tática, quando as forças são reunidas e seguem juntas para aplicação em um determinado ponto, e concentração estratégica, quando elas convergem para se juntarem num mesmo ponto de aplicação. Mahan nega que exista outra concentração que não a tática e no entanto, o apego ao mito mahaniano é tão forte, que idéias corbettianas são utilizadas e falsamente identificadas como sendo mahanianas.

Uma idéia recorrente nos círculos navais da época de Corbett era o entendimento de que a esquadra inferior, pela sua própria existência, cumpria um determinado papel. Ao evitar a sua destruição na batalha decisiva, ao continuar existindo dentro de suas bases fortificadas, ela impedia que o inimigo obtivesse o comando do mar no sentido mahaniano. O problema era justamente a idéia de que o comando do mar mahaniano derivava automaticamente da destruição da esquadra inimiga; enquanto a esquadra inimiga não fossse destruída, não se tinha o comando do mar. Corbett mostrava o contra-senso a que este entendimento levava: a melhor estratégia para a força inferior era não combater e acumular navios de guerra em seus portos, porque assim aumentava o risco potencial que, até ser eliminado, segundo Mahan, impedia o comando do mar.

Aqui o erro era grave: uma esquadra em potência voluntariamente exilada em suas bases navais concedia o completo comando do mar (no sentido corbettiano) ao inimigo. Com a esquadra confinada à segurança de suas fortalezas, o inimigo podia cercear todo o comércio, fazer fluir livremente seus navios mercantes, e usar o mar para tudo quanto pretendesse, em apoio a seus propósitos de guerra.

Havia valor na idéia de que a força inferior, ao existir, desempenhasse um determinado papel no questionamento do comando do mar (no sentido corbettiano) pelo inimigo: ao se posicionar, deslocar e combater de tal forma a obrigar o inimigo a levar em conta o potencial de sua intervenção — fosse escoltando seus comboios, fosse interceptando o comércio inimigo, fosse acenando com a possibilidade de uma incursão ou invasão, fosse mesmo procurando a oportunidade de uma batalha em que tivesse superioridade local. Quem comandava o mar (no sentido corbettiano) nesta situação? Ninguém! O estado normal de coisas era um mar sem comando (*uncommanded sea,* no sentido corbettiano), onde, longe de se poder contar com a validade do reducionismo mahaniano da unidade do mar, vivia-se a realidade de situações de maior ou menor risco no uso do mar de forma local e transitória, com informação imperfeita.

Assim, Corbett demonstrava que só entendendo a esquadra em potência como uma estratégia — entendendo estratégia no sentido estrito clausewitziano de emprego dos engajamentos para o propósito da guerra —, pela qual a força inferior se preparava, manobrava e combatia de forma a, evitando a batalha decisiva, impedir que o inimigo usasse o mar livremente, este conceito fazia sentido para o mundo naval.

Mais ainda, ao desvelar a esquadra em potência como uma estratégia, Corbett esclarecia que mesmo a força superior tinha usos para ela nas situações em que estivesse em inferioridade local, já que, para Corbett, era inteiramente admissível que uma esquadra fosse dividida para atender aos propósitos da guerra.

Em um determinado momento das guerras napoleônicas, a força superior britânica era obrigada, pela sabedoria dos franceses em dividir sua esquadra por um grande número de bases navais, a uma disposição — que, por mérito do Almirantado, era uma concentração, como visto acima — que lhe permitisse observar as diversas bases francesas respondendo tempestivamente a qualquer iniciativa francesa de porte. Utilizando-se da estratégia da esquadra em potência, os franceses faziam-se ao mar com navios individuais (ou mesmo, ocasionalmente, com esquadrões) que buscavam acrescer a demanda de escoltas a comboios e ameaçar o fluxo comercial de que a Grã-Bretanha dependia. Estas ações tinham efeito, ao impor uma demanda crescente de força numa variedade de pontos, aumentando os custos britânicos e, principalmente, forçando o deslocamento de navios que, de outra forma, estariam livres, disponíveis para ações britânicas em prol de seus propósitos de guerra.

Noutro momento — na épica Campanha de Trafalgar — os britânicos se viram tão desequilibrados por esta estratégia francesa que a esquadra de Villeneuve obrigou a redução da força britânica na entrada do Canal da Mancha a apenas seis navios de linha. Nesse momento, o

Almirantado instruiu o almirante desta força a agir como uma esquadra em potência, evitando o combate, mas "se agarrando à saia dos franceses, sem nunca perdê-los de vista" de tal forma que as forças francesas nada pudessem fazer sem que os britânicos soubessem de suas ações e pudessem, eventualmente, concentrar forças suficientes para vencê-los ou reconduzi-los a seus portos de origem.

Note-se como, no segundo caso, a estratégia da esquadra em potência adotada pelos britânicos impedia que a superioridade local francesa — comprada, no limite, com o sacrifício da esquadra em Trafalgar — pudesse ser mais que um inconveniente temporário. Se a força de invasão se fizesse ao mar sem escolta, os cruzadores e a flotilha britânica (fragatas e outros navios de menor porte), atacando navios de transporte, destruiriam o exército francês de invasão; se o esquadrão francês buscasse destruir a pequena esquadra de combate britânica, para poder defender os transportes contra o ataque da flotilha britânica durante a passagem, os britânicos simplesmente evitariam o combate; se o esquadrão francês seguisse para os pontos do embarque do exército e tentasse escoltá-lo através do Canal, estes mesmos britânicos, de acordo com suas melhores tradições, ignorariam os navios de guerra franceses para destruir a força de invasão tanto diretamente quanto apoiando a flotilha.

Corbett observa que era a consciência da força deste dispositivo que desesperava o Almirante Villeneuve, Comandante-em-Chefe da Esquadra Francesa em 1805: o seu uso do mar para a invasão só era possível se os britânicos não tivessem força alguma no Canal, nem navios de linha, nem flotilha; não bastava ter mais força que os britânicos — aqui a crítica à concepção de Napoleão da guerra no mar; não era possível aos franceses ter o comando do mar no sentido corbettiano.

Esta mesma análise revela que Corbett, ao contrário de Mahan, exige a relativização do alvo prioritário da esquadra de acordo com as circunstâncias e os propósitos da guerra. Enquanto na visão mahaniana a esquadra possuía a obrigação de buscar e destruir os navios de guerra inimigos, segundo a visão corbettiana os alvos prioritários eram aqueles que melhor atendessem ao propósito da guerra — no caso acima, os navios que transportassem os exércitos de invasão. Corbett confronta assim a auto-estima de um valor marcial naval que entendia como covarde qualquer ação que evitasse combater os navios de linha inimigos, explicitando a subordinação da guerra no mar e da marinha aos propósitos da política.

Corbett era igualmente preocupado com o reducionismo mahaniano pelo qual o desenho da marinha ideal era sinônimo de a maior esquadra de combate que se pudesse construir. Corbett identificava a lógica que levava a este resultado: se a batalha decisiva produzia, automaticamente, o comando do mar no sentido mahaniano, pela destruição da esquadra inimiga, então era lógico que qualquer navio que não pudesse combater a esquadra inimiga fosse supérfluo. O problema era que nada havia de automático na assunção do comando do mar (tanto no sentido mahaniano quanto no corbettiano): a destruição dos navios de linha inimigos não franqueava nem a segurança do caminho comum, fazendo com que os navios inimigos por ali passassem como fugitivos, como queria Mahan, e muito menos assegurava o uso do mar para os propósitos da guerra.

O fato simples e inescapável era que tanto a proteção, comunicação e informação da esquadra de combate quanto da miríade de formas de uso do mar dependia de uma quantidade de navios — a flotilha e os navios de guerra capazes de dar conta da flotilha inimiga, materializados nos cruzadores da época — sem os quais a pretensão de se ter o comando do mar no sentido corbettiano apenas porque a esquadra inimiga fora destruída era tolice. Corbett identifica assim que uma esquadra é bem mais do que aqueles navios que integravam a linha de batalha, pois os diferentes papéis que uma marinha pode vir a desempenhar numa guerra exigiam navios capazes de atender de forma adequada a estas demandas.

Corbett percebia uma dinâmica no enfrentamento das forças navais, pela qual o exercício do comando do mar (no sentido corbettiano) dependia não dos navios de linha mas sim das atividades de supervisão, controle, comunicação, patrulhamento, regulação e presença de navios da flotilha e cruzadores. Eram estes navios que podiam dar conta da flotilha e cruzadores inimigos atuando como incursores e cujo número possibilitava o patrulhamento das linhas de comunicação marítimas. É importante lembrar que o radar só foi inventado na década de 30, e que o patrulhamento e o esclarecimento eram visuais. Assim, o ponto não era que um navio de linha não pudesse exercer o comando do mar; mas sim que o seu desempenho combatente, comprado a alto custo em cada navio, comprometia o desempenho da esquadra de combate para o exercício do comando do mar.

Por um lado, havia poucos navios de linha e muito o que fazer para exercer o comando do mar. Por outro, os navios de linha eram mais lentos que os navios da flotilha ou os cruzadores, o que permitia que os cruzadores e flotilha inimigos pudessem predar com virtual impunidade o comércio e os transportes de uma marinha que só dispusesse de navios de linha. Percebia-se assim o perigo da falácia mahaniana que orientava um projeto de forças exclusivamente voltado para a esquadra de combate, falácia que, se aplicada de fato, poderia traduzir-se na esdrúxula situação de uma marinha vitoriosa na assim chamada batalha decisiva mahaniana e completamente incapaz de exercer o comando do mar no sentido corbettiano.

A isto se acrescia ainda um dilema: o do emprego dos cruzadores. É importante perceber que por cruzador Corbett entendia navios de guerra cuja função principal era o exercício do comando do mar, do esclarecimento e da comunicação, numa era em que o telégrafo sem fio permanecia pouco confiável. Corbett esclarecia que existia uma dupla demanda pelos cruzadores: por um lado, eram os olhos e a cobertura aos olhos inimigos da esquadra de combate; por outro, eram a forma concreta do exercício do comando do mar no sentido corbettiano, isto é, o patrulhamento, salvaguarda e regulação do uso do mar. Este entendimento havia escapado por completo de Mahan, que era incapaz de explicar por que Nelson, inferiorizado de três para dois no Mediterrâneo, demandava sempre mais fragatas, protestando satisfação quanto ao número de navios de linha sob seu comando. Nelson sabia tanto da superioridade de desempenho de seus navios quanto de sua estratégia de esquadra em potência e ainda do fato de que sua força era parte de um arranjo de concentração da Marinha Real que proveria reforços tempestivos a qualquer iniciativa mais perigosa da esquadra francesa. Mas nada disso se aplicava à sua demanda por mais fragatas e flotilhas que pudessem ser empregadas como cruzadores para atender às demandas de patrulha, vigilância, regulação e comunicação de que dependia a eficácia no cumprimento de sua missão, e que se multiplicariam com a evolução da guerra e a entrada de novos aliados e inimigos no conflito.

Apenas com estes três elementos — o papel dos cruzadores, a estratégia da esquadra em potência e a concentração estratégica — já se pode perceber quão diferente resulta o mundo naval corbettiano com relação aos aforismas e princípios mahanianos em vigor quando de sua construção. Mas ainda há que se levar em conta a consistência das considerações de Corbett, cujo melhor exemplo é o seu enquadramento do bloqueio.

Enquanto para Mahan o bloqueio não passava de desperdício — desperdício de navios de linha, se feito por navios de linha; desperdício de recursos, se fossem construídos, para realizar bloqueios, outros navios que não os de linha —, para Corbett o bloqueio residia no centro da guerra no mar.

Corbett entendia que a batalha decisiva era relevante e desejável para a força superior, que não devia deixar passar a oportunidade de destruir a esquadra inimiga, desde que isso contribuísse, mais do que outras atividades, para o propósito da guerra. Mas um inimigo racional recusaria combater numa batalha potencialmente decisiva em que estaria, necessariamente, em desvantagem. Assim, era inútil despachar a esquadra de combate rumo à base da esquadra inimiga no início da guerra. Diante da presença de uma esquadra superior, o inimigo racional buscaria a proteção de seus portos fortificados. Que fazer? Manter a esquadra concentrada em um único ponto à espera da esquadra inimiga era abrir mão de poder utilizá-la em prol dos propósitos da guerra. De fato, diante de um inimigo que tivesse dividido a sua esquadra por mais de um porto, manter a esquadra de combate concentrada em frente a um único porto era conceder ao inimigo liberdade de ação, isto é, o próprio comando do mar no sentido corbettiano, já que ele podia fazer ao mar as outras parcelas não bloqueadas de sua força.

Só havia a opção do bloqueio; do bloqueio de todas as bases navais inimigas onde houvesse navios de guerra. Com o bloqueio aproximado, era possível manter os navios inimigos praticamente retidos nos portos e sob vigilância permanente, enquanto se exercia o comando do mar, no sentido corbettiano, com o restante da esquadra. Com o bloqueio à distância, buscava-se induzir a esquadra inimiga a sair da proteção de seu porto fortificado e expor-se ao combate em desvantagem ou impor que ela assistisse, impotente, ao livre uso do mar por seu adversário. Assim, o bloqueio, longe de ser um desperdício, como entendiam Mahan e seus seguidores, era, de fato, uma das principais maneiras de se conduzir a guerra no mar.

Mahan não era o único autor cujas idéias Corbett confrontava. Ao contrário, sua obra evidencia o seu conhecimento dos autores de sua época e o seu empenho em refletir sobre as mais diversas contribuições para a reflexão sobre a guerra no mar. Um excelente exemplo desta preocupação mais abrangente pode ser o da discussão corbettiana sobre o adequado enquadramento e a utilidade do que denominamos hoje *Jeune École*.

A *Jeune École* foi uma tentativa transitória e incidental pela qual a marinha francesa buscou encontrar alternativas de ação à sua condição de inferioridade em relação à marinha britânica a baixo custo. É crucial que se perceba o enquadramento mahaniano que orienta essa preocupação: toda a discussão da *Jeune École* se dá à sombra da certeza de que não se terá o comando do mar (no sentido mahaniano). Pode-se mesmo perguntar se as idéias da *Jeune École* teriam passado de sugestões se um de seus principais teóricos, o Almirante Theophile Aube, não tivesse sido conduzido à pasta de Ministro da Marinha Francesa.

Teoricamente, o que Aube e a *Jeune École* propugnavam refletia uma profunda insatisfação com o confinamento aos portos que a teoria mahaniana indicava ser a única opção aberta à esquadra inferior: tornar-se uma esquadra em potência no sentido mahaniano; uma esquadra impotente.

A *Jeune École* refletia percepções e prognósticos tanto estratégicos (no sentido estrito clausewitziano) quanto táticos (também no sentido estrito clausewitziano). Num certo sentido, a *Jeune École* deve ser tomada como uma tentativa — ainda que incipiente — de encontrar uma forma pela qual a flotilha de depois do torpedo pudesse dar conta de uma inferioridade em navios de linha.

Seu conteúdo admite duas principais vertentes: a da guerra de corso e o ataque da flotilha aos meios navais do inimigo. O entendimento da *Jeune École* da viabilidade moderna da guerra de corso era fortemente influenciado por uma visão romantizada do que teriam sido as experiêncas corsárias francesas no século XVIII e, de forma ainda mais difusa e mítica, as ações corsárias francesas contra os britânicos nas guerras napoleônicas. A geografia era um fator importante para a viabilidade das concepções da *Jeune École* sobre a guerra de corso: conquanto Londres permanecesse sendo o principal porto britânico e suas rotas de acesso passassem pelo Canal da Mancha, então uma flotilha de pequenas embarcações de guerra teria todas as oportunidades de inundar de corsários esta zona terminal, permanecendo ao alcance do abrigo em portos fortificados.

Independentemente do valor desta concepção, a necessidade militar de sua condição de possibilidade implicaria repudiar a Declaração de Paris de 1856 — um esforço francês de proteger o seu comércio das ações britânicas, ao proscrever ataques contra navios mercantes —, com o risco de se ver condenada como um pária internacional. É importante destacar que em nenhum momento esta vertente corsária da *Jeune École* pretendeu ir mais longe do que a destruição de uma parte do comércio britânico que se somasse a outros custos, induzindo a uma situação de paz. As concepções corsárias da *Jeune École* nunca foram implementadas numa guerra porque no mesmo momento em que ela era formulada, desaparecia a inimizade franco-britânica que a justificava e a viabilizava.

A outra vertente da *Jeune École* combinava a percepção da proximidade geográfica das bases navais principais britânicas com um exemplo particularmente feliz de delírio tecnológico. A proximidade de Portsmouth e o fluxo de navios de linha britânicos em torno deste porto oferecia aos franceses a perspectiva de que, numa noite, sua flotilha pudesse estar mesclada com navios de linha britânicos operando no bloqueio aos portos atlânticos franceses ou transitando de e para sua maior base naval. O que tornava esta circunstância de interesse para a *Jeune École* era o torpedo. Os torpedos do final do século XIX ofereceram por um breve período a perspectiva de que o mais frágil dos barcos pudesse afundar o mais poderoso dos navios. Os torpedeiros de alta velocidade, baixo custo e potencialmente letais contra qualquer navio pareciam anunciar uma nova era, em que as forças leves navais tinham finalmente um armamento que lhes permitisse causar danos significativos aos navios de linha. A mesma flexibilidade que fazia da flotilha a principal arma do controle costeiro (pequeno calado, alta manobrabilidade e velocidade) transformavam-na num incursor antinavio de linha potencialmente decisivo.

Sendo mahanianos, os franceses não acreditavam que a flotilha pudesse vencer a esquadra de combate britânica; sendo mahanianos, pretendiam que a flotilha reduzisse a margem de superioridade da esquadra de combate inimiga até o ponto em que os franceses pudessem se engajar em uma batalha decisiva pelo comando do mar em um sentido mahaniano em condições de vantagem. Foram construídos torpedeiros em quantidade e contratorpedeiros para combatê-los; a flotilha ganhou de fato um potencial que nunca tivera contra os navios de linha; mas a dinâmica de simetria entre forças leves acabou por neutralizar o poder decisivo dos torpedeiros. De fato, os torpedeiros passaram a ser combatidos por navios igualmente leves, igualmente rápidos: os contratorpedeiros; com isso, reinstaurou-se a dinâmica tática de que navios de porte semelhante combatiam, principalmente, entre si. Dessa forma, a dinâmica tática neutralizava a eventual vantagem técnica do torpedeiro, mostrando a invalidade de uma abordagem tecnológica aos problemas da guerra.

Nunca se viu uma aplicação da estratégia da *Jeune École* em uma guerra, embora o poder do torpedo tenha sido atestado em diversas situações, inclusive no afundamento do encouraçado "Aquidabã", por ocasião da Revolta da Armada. A partir de 1901, com a saída das idéias do Almirante Aube do centro decisório da Marinha Francesa, feneceram as duas concepções da *Jeune École*.

É importante que se perceba a transitoriedade e mesmo a repercussão que novidades conceituais — sintomaticamente de base técnica — passaram a ter no debate naval ao longo do século XX. Um desdobramento da tradição simplificante mahaniana que repercute esta tendência é o de buscar reenquadrar a realidade em princípios ou aforismas simples que escamoteiem uma análise mais complexa, isolando idéias da realidade histórica e geográfica que lhes davam sentido e pertinência. Assim, por um lado, o termo "navio capital", originalmente criado para enquadrar os encouraçados e cruzadores de batalha em uma mesma categoria, passou a significar aquela embarcação que tomaria plenamente o lugar do navio de linha, permitindo preservar todo o edifício mahaniano da batalha decisiva e da esquadra de combate. Desnecessário dizer que a complexidade naval contemporânea não admite reduções tão simplistas das complexidades da luta no mar e no ar. Nesse sentido percebe-se como é perigoso adotar-se a prática de reduzir estratégias que se originaram em momentos históricos definidos a fórmulas simples, de validade universal, sempre à mão dos comandantes para que as escolham a seu bel-prazer, corporificadas na forma, por exemplo, de concepções estratégicas navais clássicas, ou, ainda, como já visto, os princípios da guerra.

Por outro lado, o entusiasmo com que se recebem as últimas novidades técnicas — como se fosse possível dispor de um armamento decisivo em si mesmo, como o torpedo foi percebido — também teve continuidade em nosso século. A vigilância necessária para se salvaguardar o delicado equilíbrio de armas que sustenta a capacidade combativa tem sido uma das principais obrigações de cada nova geração de oficiais em todas as forças armadas do mundo.

Corbett chegou tarde a este debate; suas considerações reconhecem tanto a dificuldade de se chegar a resultados conclusivos quanto sua crescente irrelevância em função do *rapprochement* franco-britânico. Ainda assim, pondera que o entusiasmo para com o torpedo admite ao menos uma analogia com os brulotes (*fire-ships*) — pequenas embarcações carregadas de explosivos e inflamáveis que, uma vez acesas, eram dirigidas contra a esquadra inimiga, tanto no alto-mar quanto em seus portos, causando grandes danos quando de suas primeiras aplicações — no sentido em que seus primeiros usos eram potencialmente impressionantes, mas uma vez incorporados às forças navais o seu desempenho diminuía até a irrelevância em função do desenvolvimento de táticas adequadas para enfrentá-los. Assim, os brulotes teriam passado por um ciclo que ia desde a percepção de estrondoso sucesso e grande potencial, para uma componente cada vez menos relevante das esquadras até se reduzirem a um expediente desesperado que, por sorte ou virtude, podia produzir algum resultado.

Tomando o caso do torpedo e portanto de toda a *Jeune École*, Corbett argüia contra a viabilidade de que as torpedeiras da flotilha pudessem alcançar os resultados pretendidos. Por um lado, o ataque surpresa — pois sem surpresa não havia qualquer possibilidade de sucesso — a portos ou postos de bloqueio pressupunha uma disponibilidade de informações (inteligência) que, na ausência do radar e na dinâmica temporal do reconhecimento visual por barcos (horas a dias), tornava o sucesso de tais ataques uma questão de pura sorte. Sorte também era o elemento que pudesse permitir que os torpedeiros passassem pelas intensas patrulhas que sua existência tornaria corriqueiras. Vale a pena lembrar que a autonomia dos navios a carvão é uma ordem de grandeza menor do que a dos a óleo; um torpedeiro com autonomia nominal de 1.000 milhas poderia estar forçado a retornar ao porto base ao final de poucas horas em sua velocidade máxima, sem necessariamente ter sido combatido, mas tendo tido frustrado seu intento.

Além disso e ao final, o resultado do conjunto dos torpedeiros dificilmente seria de tal monta que pudesse se pensar que ele justificaria a opção da escolha da lógica da *Jeune École* como estratégia. Sem dúvida que vários navios mercantes e talvez mesmo um ou outro navio de linha seriam afundados; *c'est la guèrre*. Não se podia travar uma guerra no mar sem baixas; o ponto justamente é que as baixas que a *Jeune École* poderia vir a causar dificilmente alterariam os custos da guerra no mar de forma significativa.

Um viés do entendimento de Corbett em nosso tempo decorre de uma visão que toma a validade de seus resultados a partir da correção dos resultados de suas previsões. O caso mais visível diz respeito à avaliação que Corbett fez sobre a inadequação do comboio às condições navais do início do século.

Do momento em que as potências européias expandiram seus interesses através dos mares, o comboio — a reunião de navios mercantes, freqüentemente sob a guarda de navios de guerra — emergiu como a principal forma de proteção do trânsito das cargas contra navios hostis. Pelo menos desde o fracasso de Drake e outros corsários nos ataques aos comboios espanhóis (*flotas*) de ouro e prata, a proteção que o comboio dava ao fluxo marítimo havia transformado a captura de navios inimigos no mar numa operação de grande porte. De fato, os corsários protestantes passaram a atacar os portos espanhóis por onde esses comboios passavam, considerando tarefa mais fácil sobrepujar as fortificações e tomar os navios fundeados do que interceptar os comboios nas águas da América. Em águas européias, todas as marinhas organizavam complexos arranjos de comboio e despendiam grande parte de seu tempo buscando localizar e atacar os comboios de seus inimigos. Assim, na época de Corbett, a idéia de que a navegação de tempo de guerra dos Estados se daria na forma de comboios estava firmemente estabelecida.

Corbett iniciara seus estudos históricos exatamente sobre a época de Drake e portanto tinha consciência de toda esta questão desde a sua origem. Ainda assim, Corbett concluía que as circunstâncias ao final do século XIX haviam mudado de tal forma a realidade marítima que o comboio deixara de ser a melhor opção. O curso da I Guerra Mundial refutaria estas conclusões corbettianas, dando margem a diversos entendimentos simplistas que veriam neste equívoco base para refutar todas as suas reflexões.

É oportuno e adequado que se recupere o raciocínio pelo qual Corbett corajosamente veio a se pronunciar contra quase quinhentos anos de práticas navais.

O problema com que Corbett se confrontava era o de uma reflexão consistente que indicasse qual o melhor emprego da marinha para a proteção do fluxo de comércio marítimo. Assim, Corbett se via obrigado a considerar em quê as circunstâncias de seu tempo diferiam das dos séculos anteriores e o que isso implicava ao melhor enquadramento da proteção do fluxo marítimo. A impressão da época era de que um número extraordinário de navios mercantes circulava incessantemente pelos oceanos do mundo, impossibilitando a agregação de todos os navios mercantes em comboios, e destacando os momentos e tipos de mercantes que valia a pena comboiar. Quatro razões principais instituíram a realidade que tornava o comboio uma alternativa de menor relevância: o aumento substantivo do número de navios mercantes, o fim da prática do corso, a redução da autonomia dos navios de guerra em relação ao período da vela e o desenvolvimento do telégrafo sem fio.

A primeira modificação era, para Corbett, a mais importante e reconfigurava todo o ambiente marítimo: o aumento substancial do número de navios mercantes que realizavam o transporte de cargas no mar. Com isso, as eventuais perdas de navios mercantes e cargas teriam, individualmente, um impacto bem menor daquele que tinham na época dos corsários e da vela; a perda de cada navio individual era uma fração menor do conjunto do tráfego marítimo de seu tempo do que jamais havia sido na era da vela.

A segunda modificação foi o desaparecimento dos corsários. Corbett salienta que o grosso da perda de navios de carga nas guerras se devia à ação dos corsários, e apenas uma pequena parte advinha da ação de navios de guerra atuando como incursores. Com o desaparecimento dos corsários, a perda de navios tendia a ser em um número menor do que o registrado pela experiência histórica.

Ao somarmos a diminuição do impacto da perda de cada navio e a tendência à redução das perdas, tem-se que as perdas de navios mercantes na guerra seriam uma fração muito pequena do fluxo de transporte marítimo. Como a operacionalização de um comboio implicava uma redução significativa da velocidade dos navios mais rápidos, bem como uma gestão muito mais complexa da entrada e saída de navios nos portos, a adoção de um sistema de comboios implicaria uma diminuição da intensidade do fluxo de transporte marítimo. Para Corbett, a redução da intensidade do fluxo como um todo — que resultaria da adoção de comboios — traria mais transtornos em termos de abastecimento para a Grã-Bretanha do que as eventuais perdas decorrentes da ação de incursores navais inimigos contra a navegação independente.

O único alvo contra o qual uma eventual atuação de corsários — improvável, mas possível — podia produzir algum resultado era o considerável tráfego costeiro britânico. Para Corbett, por mais que essa atuação pudesse ameaçar o tráfego costeiro em tempo de guerra, o transporte de cabotagem podia ser feito, embora a um custo maior, pelas ferrovias, contornando os eventuais efeitos decorrentes da ação de corsários ao eliminar a necessidade de mercantes costeiros.

Corbett percebia como o uso do vapor (na época, com o carvão como combustível) havia modificado de forma radical a dinâmica de autonomia dos navios de guerra. Na era da vela, com reabastecimentos bimensais ou trimestrais de água potável e madeira para cozinhar, um navio podia permanecer meses no mar. A autonomia do vapor dependia do regime de uso: operando em altas velocidades – na perseguição, combate ou fuga – o consumo era significativamente mais elevado do que em regimes econômicos de operação, em velocidade de cruzeiro. Isto implicava em redução considerável do alcance e do tempo de permanência de um incursor a vapor em qualquer área dada na razão direta de sua ação bélica: quanto mais atividades, maior o consumo de carvão.

Perceba-se como Corbett está tratando de efeitos concretos: a perda de navios mercantes, e não da ameaça potencial; a presença ou ausência de possíveis incursores numa dada área de mar. Corbett sabe, assume e explicita que alguns mercantes serão perdidos. O que está em jogo não é proteger todos os mercantes sempre, mas sim discutir qual arranjo permite manter o uso do mar e as perdas de navios em níveis toleráveis. Neste sentido, Corbett está se posicionando contra a retórica da época que, inspirada em Mahan, creditava ao comando do mar (no sentido mahaniano) a capacidade de proteger o fluxo contra qualquer perda.

Corbett percebia a existência de uma dinâmica na densidade do fluxo de transporte marítimo: denso nas áreas focais em que diversas rotas marítimas convergiam, rarefeito no alto-mar. Em áreas focais, um incursor enfrentaria as patrulhas e perseguições dos navios de guerra inimigos, o que exigiria um grande consumo de carvão, o que limitaria o seu tempo de permanência e, portanto, o dano que pudesse causar ao tráfego marítimo. Em rotas oceânicas, este tempo de permanência seria maior, mas a menor densidade do fluxo faria com que seu efeito sobre ele fosse igualmente reduzido. Assim, o efeito de navios de guerra atuando como incursores sofreria ainda mais esta redução, pois o tempo de ação dos navios de guerra a vapor seria significativamente menor do que o dos navios a vela.

Todos estes fatores indicavam que o nível de perdas da navegação independente seria menor do que a perda de fluxo marítimo que a adoção de comboios traria; e que estas perdas seriam num nível tal que as faria inteiramente aceitáveis.

Por fim, com a introdução do telégrafo sem fio, e sua maior confiabilidade e disponibilidade em todos os navios, tornava-se mais eficiente adotar uma tática distinta da empregada nos comboios. Ante a informação da presença e localização de um incursor, era mais expediente reagir concentrando tempestivamente forças para destruí-lo do que tentar antecipá-lo constituindo escoltas. Logo se adotaram códigos que permitiriam que uma única mensagem breve de um mercante sob ataque – o PPP de "*Pirate, Pirate, Pirate*" – marcasse para a radiolocalização do almirantado a posição de um incursor, permitindo a gestão de uma resposta articulada em grandes áreas de mar contra vários incursores.

Além disso, num certo sentido, o comboio era uma opção que favorecia o efeito de navios de guerra incursores. A maior letalidade dos armamentos navais militava a favor deste entendimento, na medida em que um incursor bem sucedido na neutralização da escolta de um comboio poderia capturar ou destruir uma grande parte do comboio antes de ser confrontado por uma resposta por outras forças amigas. Assim, a navegação independente ainda tinha por vantagem o efeito indireto da dispersão dos alvos de um incursor, o que minimizava os riscos de uma perda significativa do conjunto dos navios mercantes, pois uma grande concentração de mercantes – um comboio – arriscava-se a muitas perdas.

Como resultado final, Corbett afirmava que a combinação de navegação independente – com correspondente maior eficiência no fluxo de transporte marítimo – e patrulhas volantes de navios de guerra comandadas e controladas por rádio eram uma solução que, no final, apesar das perdas inevitáveis numa guerra no mar, produzia mais tráfego marítimo e era, portanto, melhor do que a adoção de um sistema de comboios.

Sabemos hoje que as coisas não correram como esta análise indicava. Este insucesso preditivo foi tomado de forma superficial como um indicativo do fracasso do todo da reflexão corbettiana, lida pela ótica simplista, nascida do legado mahaniano, de que o "aforisma corbettiano" sobre o comboio havia se revelado um erro. É crucial que se possa compartilhar a rica experiência da análise corbettiana sobre o comboio como forma de perceber como uma teoria cientificamente consistente pode vir a produzir erro, e como a força de um entendimento científico pode explicar o erro em plena coerência com a teoria, iluminando a criticalidade das hipóteses adotadas numa análise.

Diversas das hipóteses sobre as quais Corbett se baseava na sua argumentação a respeito dos comboios foram refutadas pelos fatos. As mais importantes hipóteses que frustraram a análise sobre o comboio não eram as hipóteses explícitas: o aumento do tráfego, o fim da prática do corso, a redução da autonomia dos navios de guerra ou o desenvolvimento do telégrafo sem fio. Ao contrário, foram as hipóteses implícitas, que eram universalmente percebidas como válidas, que vieram a falsear o seu resultado preditivo.

Por um lado, a hipótese implícita de que escoltas, navios de linha, mercantes e incursores enfrentavam o mesmo problema de detecção (o visual) foi esvaziada pelo submarino (na época, melhor descrito como um torpedeiro submersível), que podia se ocultar sob as águas e só atacar quando as condições lhe fossem favoráveis. O entendimento do submarino como um torpedeiro submersível havia feito com que este tipo de embarcação fosse percebido como parte da flotilha, com todos os limites desta, e portanto com atribuições eminentemente defensivas em águas costeiras ou pontos focais. Corbett reconhecia a novidade do submarino mas apontava que, na ausência de qualquer referência histórica, tudo o que se podia fazer era "se preparar para uma surpresa".

A idéia de que o torpedeiro submersível pudesse vir a ser um incursor era inviabilizada pelas regras universalmente aceitas da guerra no mar daquela época. Estas exigiam que a guerra só fosse feita contra a navegação comercial dos beligerantes, impunham a obrigatoriedade de aviso ao mercante antes de qualquer ação violenta, obrigavam à salvaguarda da vida da tripulação e dos passageiros e ao resgate de náufragos. A navegação de bandeira neutra tinha de ser inspecionada para que se aferisse se suas cargas violavam os itens de bloqueio que eram considerados como sendo "mercadoria de guerra". De fato, o entendimento vigente da função do incursor era o de capturar — e não afundar — a navegação comercial inimiga; embargar — e não destruir — o contrabando de guerra em navios mercantes neutros.

Era praticamente impossível ao torpedeiro submersível executar estes procedimentos, então internacionalmente reconhecidos, de se identificar, capturar o navio ou dar condições de salvamento à tripulação e aos passageiros antes de afundá-lo. Como resultado, quando a Alemanha imperial adotou a guerra submarina irrestrita — ataque sem aviso a toda navegação numa determinada área, sem salvaguarda das vidas —, modificou-se inteiramente o quadro dentro do qual Corbett havia elaborado a sua análise. O ataque sem aviso contra toda navegação, beligerante ou neutra, esvaziava ainda a hipótese de que haveria tempo para que cada mercante anunciasse estar sob ataque (a obrigatoriedade de se manter os rádios guarnecidos, nascida do naufrágio do *Titanic* em 1912, ainda estava em seus inícios), ao mesmo tempo em que a submersibilidade do torpedeiro submarino e a inexistência de qualquer dispositivo eficiente de detecção subaquática impossibilitava uma resposta tempestiva de forças mais distantes, mesmo que apenas algumas horas.

Por outro lado, em função das mesmas vantagens táticas de que o torpedeiro submersível dispunha, perdeu validade a idéia de que determinadas regiões focais — em especial, as terminais — fossem intrinsecamente seguras, já que onde existia grande concentração do tráfego marítimo e de forças navais seria impossível a permanência de incursores navais inimigos. O que estava implícito era que estes incursores estivessem na superfície. Como resultado, a eficiência dos torpedeiros submersíveis incursores no ataque a mercantes era muito maior do que qualquer estimativa anterior antecipava para a ação de incursores navais. Estes fatores produziram perdas de mercantes de tal ordem e a tão baixo custo para a Alemanha imperial que a própria sobrevivência da Grã-Bretanha esteve ameaçada. O Almirantado britânico estava convicto de que era impossível organizar comboios para o tráfego marítimo, por um erro na contabilidade dos navios que chegavam e partiam; persistindo na navegação independente, os resultados da guerra submarina em 1916 e as previsões para 1917 foram fatalmente sombrios. A adoção do comboio, conjugada com a entrada da enorme marinha mercante dos Estados Unidos na guerra, salvou a causa aliada.

Assim, pode-se dizer que o principal erro de Corbett não estava na avaliação tática que ele empreendera, nem nas considerações estratégicas, mas sim na suposição de que os limites políticos que regiam a guerra em seu tempo permaneceriam intactos. Não foi tanto a inovação tática do submarino que refutou suas conclusões, nem a adoção de uma estratégia incursora pelos alemães, mas sim a disposição alemã de incorrer nos riscos e aceitar os custos de se tornar um pária internacional. Percebe-se, assim, como uma teoria válida, aplicada de forma consistente, pode produzir resultados equivocados, em função da frustração de suas hipóteses e, principalmente, da frustração de suas premissas ocultas, das quais o formulador nem sempre tem consciência.

É, portanto, oportuno salientar que nem sempre inovações táticas, por mais excepcionais que sejam; ou estratégias, por mais eficientes que sejam, contribuem automaticamente para a obtenção dos propósitos da guerra. A onipresença das dimensões táticas, estratégicas e políticas em qualquer ação ou opção bélica só pode ser descuidada sob o risco de resultados adversos. De fato, há que se considerar que os ataques submarinos alemães causaram grande dano à navegação aliada, mas em nada alteraram a continuidade do bloqueio à Alemanha, nem restringiram a liberdade do uso do mar pelos aliados para operações militares. As demandas políticas que as necessidades táticas dos submarinos exigiam — o abandono das convenções de guerra no mar e o ataque indiscriminado a neutros — acabaram por se revelar raiz da derrota alemã, ao trazerem os Estados Unidos para a guerra. Finalmente, muito do sucesso alemão resultou de um erro de avaliação britânico que adiou a adoção dos comboios. O desenvolvimento de técnicas anti-submarinos e a adoção de sistemas de comboio modernos acabaram por impor uma lógica de atrição que, progressivamente, elevou os custos alemães de sustentação da guerra submarina até o ponto em que se podia argumentar, em fins de 1917, que os aliados não eram os que mais sofriam com a continuidade da guerra submarina, mas sim a própria Alemanha imperial. Assim, a sedução pelo desempenho combativo do torpedeiro submersível é um caso rico em ensinamentos: do sucesso de se fazer o inesperado, dos riscos de se fazer o proibido, da imperenidade de vantagens combativas numa guerra e da dificuldade de se fazer uso do mar para os propósitos da guerra.

Embora haja muito o que aprender e refletir a partir da leitura de Corbett, não se deve perder de vista uma cautela. Corbett escrevia para uma realidade específica: a da Grã-Bretanha. O que estava em jogo não era a formulação de uma teoria geral da guerra no mar — embora ele a tenha formulado — mas sim o esclarecimento do oficialato da Marinha Real e a educação da opinião pública britânica. *Some Principles of Maritime Strategy* não deve assim ser tomado como um trabalho isolado, independente das atividades educacionais, políticas, intelectuais e mesmo militares de seu autor — dado o papel que o *Royal Naval College* tinha como estado-maior informal de Fisher.

## Um balanço da guerra no mar

É arriscado, talvez mesmo perigoso, que oficiais de marinha baseiem seus entendimentos da guerra no mar e dos assuntos marítimos em Mahan. Por um lado, Mahan compartilha com o mundo naval uma nostalgia da era da vela — quando comandar no mar era ser uma autarquia plenipotenciária —, de uma difusa percepção de um momento em que o mar teve, talvez, o seu momento de maior importância. Por outro lado, a cautela para com o uso de Mahan tem de levar em conta o fato de que o que ele oferece é exatamente a promessa que esta nostalgia mais anseia: o sentimento de uma continuidade entre um mundo idealizado da vela e o fragor das vidas naval e marítima modernas.

Mahan afirma uma continuidade eterna dos assuntos do mar, dos assuntos navais, que se mescla bem com a visão da história (na forma de narrativas mitológicas) como fonte de tradição das marinhas e que, justamente, oferta justificativa para a especificidade e identidade das marinhas como distintas e separadas das outras forças.

Mahan afirma, na forma sedutora dos aforismas e princípios que constituem o seu legado, uma autarquia pseudoteórica para que as marinhas possam se escusar de dar conta da complexidade, por vezes tão frustrante, da discussão integrada da guerra moderna, ao afirmar que a guerra naval existe em si mesma, que o mar é uno e indivisível, que o comando do mar pode ser obtido numa jornada bem-sucedida de combate, que as marinhas têm uma missão prioritária e que devem resistir a quaisquer usos da esquadra que não o da destruição da esquadra inimiga. "Nunca divida a esquadra!" é uma exortação que exime as marinhas da necessidade de fazerem frente às dificuldades de operações combinadas, da complexidade e dilemas das guerras e crises do nosso tempo.

Mahan nunca se pensou como um cientista ou um teórico, no sentido que damos hoje a estas palavras: suas preocupações com o rigor, consistência ou mesmo com a clareza aberta a críticas de suas afirmativas sempre estiveram em segundo plano. As características específicas de sua devoção cristã sugerem mesmo que ele se percebia como veículo de uma mensagem: a primazia do poder marítimo, a importância do comando do mar, a relevância dos assuntos marítimos para o futuro dos Estados Unidos e de sua Marinha. Esta é talvez a perspectiva mais adequada pela qual se aproximar de seus escritos: os trabalhos de um propagandista, no sentido estrito de alguém que deseja transmitir uma convicção, o "evangelista do poder marítimo", como já o denominou Margareth Sprout[48].

Mahan se sabia obsoleto já nas primeiras décadas do século XX. Mahan, o homem, era cada vez menos relevante: seu conselho não era buscado e quando buscado não era seguido. Já Mahan, o fundador de uma concepção de poder marítimo, o inspirador da teoria da esquadra de combate, o portador de boas novas para todas as marinhas do mundo e o bálsamo para suas angústias num momento de grande mudança, este teve vida mais longa e sua influência permanece, embora cada vez mais questionada, até nossos dias.

Até certo ponto Corbett é, em mais de um sentido, o primeiro teórico que efetivamente integrou de forma coerente as atividades marítimas a uma teoria da guerra. Ele fez isso contra oposição considerável, em uma era na qual fortes tradições navais argüiam em favor de um papel único e distinto para as marinhas. Nesse sentido, Corbett foi compelido a trabalhar com dois focos marcadamente diferentes. O primeiro era educar tanto os oficiais de marinha quanto o público em

---

48. Sprout, Margareth. "Mahan: the evangelist of seapower", p.415.

geral a fim de trazê-los a um patamar de entendimento compatível com os saberes da época e que correspondessem ao papel que o mar tinha na vida britânica. O segundo era o desejo de trazer as teorias e reflexões navais em linha com as sólidas estruturas clausewitzianas de seu tempo.

No atendimento de seu primeiro foco de trabalho, Corbett tinha uma inserção múltipla: suas atividades docentes, seus artigos políticos, suas palestras tanto para oficiais de marinha quanto para a universidade, sua presença em associações de estudos, seu papel tanto quanto um membro do círculo íntimo de Fisher quanto de pensador no estado-maior informal deste Lorde do Almirantado.

A estrutura do texto de *Some Principles of Maritime Strategy* permite delinear os muitos obstáculos que Corbett teve de superar, identificar os problemas de entendimento que ele percebia e inferir os rumos da educação naval que lhe pareciam mais adequados. Reconhece-se de imediato que Corbett percebeu que não seria possível confrontar as teorias de Mahan: não havia embasamento teórico formalmente expresso a ser contestado. A influência de Mahan persistia através de aforismas, princípios e hábitos de pensar; era uma forma de se ver e ler a história que franqueava a possibilidade de ignorar todos os fatos que não reforçassem um determinado entendimento. Daí a forma expositiva que toma um entendimento em vigor, confronta-o com a história e só então inicia a exposição propriamente dita de suas idéias, solidamente enraizadas em Clausewitz.

Em seu segundo foco de trabalho, Corbett é admiravelmente bem sucedido em descobrir em Clausewitz os elementos que explicavam como e por que a Grã-Bretanha foi capaz de obter sucesso contra oponentes muito mais poderosos. A descoberta corbettiana da força da guerra limitada, seu reconhecimento da dualidade que permitia que uma guerra limitada por meios alavancasse uma mudança na situação e desse base a uma guerra limitada por objeto, permitindo a consolidação em vitória política de um fato militar consumado, são preciosos. Essa descoberta e este reconhecimento dão uso e expandem coerentemente Clausewitz, iluminando a centralidade da dinâmica política e o papel do combate.

Corbett segue adiante, tratando das formas pelas quais a natureza, orientação e tipologia das ações da guerra no mar podem ser compreendidas; em harmonia com o entendimento clausewitziano da essência combativa da guerra, segue ainda rumo a uma das mais interessantes discussões teóricas sobre os meios navais, culminando com uma estrutura analítica coerente, capaz de explicar e orientar o papel das marinhas, das partes das marinhas e os limites dos meios navais em uma guerra. Corbett faz justiça ao complexo tecido da guerra em Clausewitz: ação e reação, fricção, acaso, os custos das guerras, as formas pelas quais a política modifica os objetos em função dos resultados do combate são evidentes em sua discussão sobre o papel crítico do bloqueio tanto quanto em sua corajosa reflexão sobre o fim da validade do sistema de comboios.

É mais difícil traçar a herança corbettiana do que o legado mahaniano. Muito do que Corbett nos trouxe foi incorporado e falsamente tratado como parte das tradições mahanianas. O Almirantado Britânico, após a partida de Fisher, não tinha uso para um estrategista civil que argumentava pela subordinação essencial das marinhas e suas atividades aos propósitos da guerra, e que anunciava de público que uma armada que só tivesse navios de linha era uma tolice perigosa para a vida de uma nação marítima.

***

Um estudioso de estratégia, como foram Mahan e Corbett, deve resolver uma aparente contradição. Por um lado, deve reconhecer o papel e a contribuição destes pioneiros, rendendo-lhes a justa homenagem pelo valor de suas obras, marcando em seus trabalhos o débito de suas contribuições. Por outro, deve seguir adiante: retomar não as respostas mahanianas e corbettianas mas antes suas perguntas e inquietações. É pela consideração do papel do mar na vida moderna e futura, na reflexão sobre a utilidade e estrutura das marinhas como ferramentas políticas, no inquérito sobre a adequação e oportunidade da estrutura e balanceamento da esquadra que se pode prestar homenagem àqueles que buscaram iluminar o que fosse a guerra no mar.

Capítulo 4

# O Uso Militar do Ar

Quando os fundadores do estudo sistemático da guerra em terra e no mar escreveram suas obras, fizeram-no tendo como base milênios de história sobre que apoiarem suas reflexões. O mesmo não ocorreu com o estudo da guerra no ar. Com efeito, o avião, inventado na primeira década do século XX já como fruto da investigação científica, foi empregado para fins bélicos menos de dez anos após sua invenção; ou seja, antes que amadurecessem sequer práticas regulares sobre sua utilização na guerra, que dizer de um pensamento sistemático sobre seu emprego militar. Pior ainda, entretanto, as próprias tendências e linhas fundamentais de seu desenho e desenvolvimento técnico ainda não se haviam consolidado quando de sua estréia efetiva, na I Guerra Mundial. A reflexão sobre as experiências desta guerra, ao contrário, é que consolidaria essas tendências.

Dessa forma, a primeira geração de pensadores da guerra no ar teve que basear suas reflexões não sobre a experiência da Grande Guerra — então, uma base muito frágil para reflexão —, mas sobre as possibilidades e promessas (muitas delas só cumpridas muito mais tarde do que então se antevia, ou ainda nunca cumpridas), inscritas na pesquisa e desenvolvimento tecnológico da aviação do período entreguerras. A experiência da II Guerra Mundial e dos anos que se seguiram propiciaria nova base, desta vez muito mais sólida, para reflexão sistemática e bem fundamentada na experiência.

Mesmo antes da invenção do avião, já se antevia seu emprego militar. Escritores de ficção científica como H. G. Wells e Júlio Verne descreviam, na virada do século, guerras imaginárias conduzidas do ar, com efeitos devastadores e impressionantes. Embora houvesse alguns espíritos céticos, o avião foi incorporado à guerra em menos de dez anos depois de sua invenção, na primeira década do século. Seu primeiro emprego militar em larga escala foi na I Guerra Mundial.

## A I Guerra Mundial

Os dois lados que se confrontaram na Grande Guerra foram surpreendidos com o quanto haviam mudado as realidades táticas e logísticas da guerra desde a vitória da Prússia sobre a França, em 1870 e 1871. Com efeito, à medida que as tropas foram avançando, após o início efetivo das hostilidades, em agosto de 1914, viu-se que, uma vez que o território invadido era rico e a época do ano favorável, era perfeitamente possível alimentar os homens a partir do campo. O mesmo não se podia dizer dos cavalos, então a principal força motriz dos exércitos em campanha. Esse problema era particularmente crítico, uma vez que não havia FORRAGEM em quantidade suficiente e, de resto, as necessidades de forragem das forças invasoras era tal que qualquer tentativa de supri-las a partir da Alemanha pelo sistema então vigente teria tornado toda a campanha impossível. Na verdade, o problema do abastecimento desde a retaguarda revelou-se intratável: alguns grupos de artilharia foram paralisados logo no início do avanço já que os cavalos morriam em grande quantidade, obrigando a reorganização do transporte. Na Batalha do Marne, identificada como o ponto de inflexão da guerra, a cavalaria alemã sofreu baixas desnecessárias simplesmente porque seus cavalos estavam fracos demais para transportar os cavaleiros com rapidez. Durante o avanço, tropas de cavalaria que precediam o avanço dos 1º e 2º exércitos alemães, ponta de lança do plano de guerra alemão, simplesmente tiveram que parar diminuindo o ímpeto da ofensiva.

Mas o principal problema era o suprimento de munição e de peças de reposição. Embora as tropas pudessem vir a ser de alguma forma alimentadas a partir do próprio território invadido e os cavalos pudessem ser sacrificados ao longo do avanço, as tropas não podiam lutar sem ter com que lutar. O consumo de munição foi infinitamente maior do que se calculara antes da guerra.

A metralhadora favoreceu desproporcionalmente a defensiva, ao contrário do culto à ofensiva então vigente — e de maneira exacerbada no caso do Exército Francês, com sua doutrina da ofensiva a qualquer custo —, baseado numa leitura simplista e surpreendente de Clausewitz

### A FORRAGEM: viver do campo

A prática logística do fluxo de suprimento exclusivamente por linhas de comunicações é uma idéia relativamente recente. A prática até pouco tempo atrás – na verdade até mesmo durante parte da I Guerra Mundial – era ou viver do campo, ou conjugar esta forma de logística de obtenção com um fluxo limitado da retaguarda, quando os territórios conquistados ou a dinâmica bélica tornassem absolutamente impossível obter recursos para alimentar os exércitos em campanha; a munição era tipicamente o suprimento que não se podia obter do território invadido; mas os alimentos e água eram a maior necessidade em termos de carga. Como um território tinha uma quantidade finita de alimentos, a regra de viver do campo – de forragear – era se manter em movimento ou perecer.

O entendimento dessa característica torna possível entender-se muito do planejamento e execução das campanhas napoleônicas, onde essa prática – executada de forma planejada e metódica – permitiu alimentar exércitos de massa em rápido deslocamento, o que de outra forma não seria possível. Some-se a isso o entendimento de que a quantidade de munição deslocada junto com os exércitos era suficiente (estimada) para atender a toda a campanha e teremos outro aspecto da guerra moderna: uma nova forma de planejar e gerir o espaço de batalha voltado não somente para o combate mas também para o provimento logístico que permitisse grandes contingentes de exército deslocarem-se rapidamente para a obtenção de uma concentração estratégica, sem serem limitados ou atrasados pela logística, mas carregando consigo trens de munição consideráveis.

A introdução de armamentos modernos, vorazes consumidores de munição, já acenava com a inviabilidade de transportar com a tropa toda a munição necessária para a campanha. As linhas de comunicação se tornavam linhas de suprimento.

(que sempre ressaltou as vantagens intrínsecas da defesa sobre a ofensiva) e de sua avaliação do papel do moral no combate. Assim, as tropas eram ordenadas a avançar, mas eram dizimadas pelo poder de fogo inimigo. A inesperada força da defensiva combinada com a avaliação equivocada da força da ofensiva levaram então a um consumo muito maior de munição que o imaginado, para o qual os esquemas de suprimento das tropas (e os níveis então vigentes da produção industrial dos beligerantes) eram insuficientes. Particularmente, a disponibilidade de veículos de motor a explosão, notadamente caminhões, era muitíssimo aquém do necessário.

Na medida em que a guerra ia se desenrolando e a munição se consumia sem reposição adequada, as tropas começaram a cavar trincheiras para se protegerem. No que um dos lados tentava flanquear o inimigo, automaticamente se estendia a linha de trincheiras, até que uma única linha de trincheiras se formou, cobrindo toda a frente ocidental antes do final de 1914. As técnicas de artilharia que se haviam desenvolvido, notadamente a de tiro indireto — a artilharia não precisava estar vendo o alvo para atirar, podendo, portanto, se proteger do fogo inimigo —, ajudaram a criar, no terreno que separava as forças combatentes, uma "Terra de Ninguém". A existência da Terra de Ninguém, por sua vez, reforçava a defensiva, pois era mais fácil trazer homens (por trens) para reforçar a defesa do que para explorar qualquer eventual sucesso. Consolidava-se, portanto, a linha de trincheiras. A guerra perdera a mobilidade.

Aos comandantes parecia não restar alternativa a não ser ataques com um número enorme de baixas e cujos eventuais sucessos não tinham qualquer repercussão significativa no desenrolar da guerra — afinal, em função das ferrovias, os defensores podiam, como já dito, reforçar-se muito rapidamente, ao passo que os atacantes não tinham nenhuma maneira de explorar eventuais rupturas na linha de trincheiras com velocidade comparável. Formara-se o impasse na frente ocidental: os alemães não tinham por que recuar de uma posição vantajosa e sólida, mas não tinham como avançar; os aliados não pareciam ter como expulsá-los, mas também não podiam abrir mão de tentá-lo. Os dois lados tentavam encontrar alternativas para o impasse ao longo da guerra. Os aliados desenvolveram o tanque; os alemães desenvolveram a técnica da infiltração.

O tanque foi desenvolvido de maneira inicialmente independente tanto entre os ingleses quanto entre os franceses. Quando o *War Office* finalmente se interessou pelo tanque, em junho de 1915, a concepção básica já evoluíra de um veículo blindado de transporte de tropas para a de um veículo armado autopropulsado, já que se percebera que seu verdadeiro papel era não só o de transportar infantaria através da "Terra de Ninguém", mas também eliminar posições inimigas, principalmente as metralhadoras, atirando ou passando por cima delas, o que implicava atravessar trincheiras alemãs.

Do ponto de vista tático, o primeiro teórico foi também o primeiro comandante do *Tank Corps*, coronel Ernest Swinton. Sua concepção era a de que o tanque seria como uma arma de sítio, a ser deixada de lado uma vez que se conseguisse uma ruptura nas linhas inimigas. Para ele, o grande trunfo de um ataque de tanques era seu efeito-surpresa, e sua existência deveria ser mantida em segredo até que todos estivessem prontos e pudessem ser utilizados em combinação com um grande assalto de infantaria. Uma vez que os tanques eram muito lentos para acompanharem a cavalaria em terreno aberto, a idéia de Swinton era utilizá-los todos numa tentativa de estabelecer uma ruptura de cinco milhas (oito quilômetros) de largura num único assalto, já que, supunha-se, uma vez aberta a brecha, restaurar-se-ia a mobilidade da guerra tradicional.

Com inspiração em sugestões de J.F.C. Fuller, os tanques foram empregados de maneira eficaz pela primeira vez em Cambrai. Tanques e infantaria foram empregados como forças interdependentes, apoiando-se mutuamente. A pouca mobilidade do tanque em terreno aberto mostrou-se uma limitação sensível, pois o sucesso obtido não pôde ser convenientemente explorado. Isso levou à introdução de novos tanques em 1918.

O primeiro tanque alemão só apareceu em 1918 em resposta às iniciativas aliadas. A principal alternativa alemã para o impasse das trincheiras foi a tática de infiltração, baseada numa inovação da artilharia: a técnica de "atirar pelo mapa", contra alvos específicos, ou seja, tiros de precisão por parte da artilharia sem disparos prévios de ajuste do tiro. Esse tipo de tiro dependia bastante da habilidade dos soldados e contrastava com a imprecisão das técnicas então vigentes de tiro indireto e com a vulnerabilidade e ausência de surpresa do fogo convencional, que precisavam de semanas para o ajuste de tiro de uma grande ofensiva. Aquele tipo de fogo concentrado e preciso mostraria seu valor em 1918, graças à sua magistral utilização pelo coronel Brüchmuller, da artilharia alemã. Ao mesmo tempo, completou-se o armamento da infantaria com peças de artilharia leve, basicamente metralhadoras leves, morteiros e lançadores de granadas, além de algum armamento mais pesado.

Em 1º de janeiro de 1918, o Alto Comando alemão publica *O ataque na guerra de posições*, base doutrinária das ofensivas de 1918, cujo fundamento era a combinação do fogo de artilharia curto, intenso e concentrado *à la* Brüchmuller, o uso de gás e fumaça sobre os centros de resistência inimiga, que seriam evitados (ao invés do ataque linear), o assalto pelas *Sturmtruppen* (tropas de choque) armadas com rifles de assalto, morteiros e metralhadoras leves e ataques para desorganizar a retaguarda inimiga. Constituía-se, assim, a tática de infiltração, utilizada com sucesso em 21 de março de 1918. Na ocasião, a ofensiva alemã baseada na infiltração rompeu as linhas britânicas, penetrando na retaguarda das trincheiras; as forças britânicas recuaram trinta e oito quilômetros em quatro dias, um sucesso enorme e chocante para os padrões da I Guerra Mundial. O colapso só não veio por causa do sangue-frio do comando britânico, que ordenou o recuo de todas as posições de maneira a reconstituir uma linha defensiva estável, mas, principalmente, porque o exército alemão não teve como explorar a brecha, por causa da já aludida incapacidade, de ambos os lados, de aproveitar os sucessos táticos: cavalaria e infantaria careciam da mobilidade para tanto. A tática de infiltração era extremamente eficaz para instaurar uma ruptura e até para ganhar batalhas, mas não a guerra.

## A aviação na I Guerra Mundial

Mas havia uma outra alternativa para se contornar o impasse das trincheiras, para a qual ambos os lados olharam com atenção: o avião. Seu papel mais óbvio era o reconhecimento aéreo. Quando os alemães passaram a utilizar a artilharia para a infiltração, por exemplo, o reconhecimento aéreo já se havia tornado crucial para que se pudesse determinar os alvos. Entretanto, percebeu-se rapidamente que, uma vez que obter esse reconhecimento era vantajoso, era necessário também impedir que o inimigo o obtivesse, e logo a aviação passou a ter um segundo papel: combater os aviões inimigos. Os alemães foram pioneiros dos aviões especificamente desenhados para combater outros aviões: os famosos Fokker, que tinham um sincronizador que permitia que se atirasse através da hélice sem atingi-la.

Por outro lado, já que o avião podia voar por sobre as linhas inimigas e observá-lo, vislumbrou-se a possibilidade de bombardear pelo ar alvos por detrás das linhas inimigas. Porém, os aviões de então tinham alcance, precisão e capacidade de transporte bastante limitados. Mais uma vez os alemães deram o tom da inovação e desenvolveram o bimotor Gotha, que entrou em ação no começo de 1917. Este foi o primeiro bombardeiro pesado da história da aviação, podendo voar a

129 km/h a 4.600 m de altura com uma carga de bombas de até 300 kg. Em 13 de junho de 1917, uma formação de 14 Gothas lançou 118 bombas sobre Londres em pleno dia, matando 160 pessoas e voltando em segurança para suas bases na Bélgica, tendo escapado dos 100 caças britânicos que partiram em seu encalço. O clamor público foi enorme, e o governo britânico encarregou então o general sul-africano Jan Smuts de estudar a melhor forma de se defender do bombardeio inimigo.

A Comissão Smuts — cujos dois membros eram o próprio Smuts e ninguém menos que o próprio primeiro-ministro britânico, Lloyd George — produziu dois relatórios. O primeiro apenas sacramentava as medidas que já vinham sendo tomadas para a defesa aérea da Grã-Bretanha. Já o segundo relatório de Smuts era radical: advogava que a defesa contra ataques de bombardeiros era pouco efetiva, sendo a única alternativa realista retaliar com bombardeios às cidades alemãs. A conclusão do relatório era que a vantagem residia com a ofensiva, e que o bombardeio era, na verdade, a principal forma de guerrear. Portanto, era necessário um estado-maior especializado para lidar com uma arma de tão grande importância. Assim, a aviação do Exército (*Royal Flying Corps*) e da Marinha Real (*Royal Navy Aviation Service*) deveriam ser fundidas numa força única e independente. Em 1º de abril de 1918 surgia, expressando as idéias de Smuts, a RAF — *Royal Air Force* ou Real Força Aérea. O Relatório Smuts era a primeira exposição sistemática de uma concepção de emprego militar da aviação que, em diversas versões, foi chamada de *bombardeio estratégico*.

No entanto, o que deteve o bombardeio alemão não foi a retaliação sobre as cidades alemãs, mas a defesa aérea britânica. Já em 1917, os britânicos haviam desenvolvido um sistema de defesa aérea, que consistia de várias estações de detecção conectadas por telefone a um quartel-general central em Londres, que por sua vez estava conectado a vários aeroportos que abrigavam esquadrões de interceptação; os aeroportos, por sua vez, comunicavam-se com seus aviões em pleno vôo através de rádio. Esse sistema eficaz permitiu aos caças britânicos imporem baixas proibitivas aos bombardeiros alemães. Os Gothas começaram então a voar à noite. Esse procedimento, entretanto, padecia de dois inconvenientes. O primeiro é que a precisão dos bombardeios, que já era baixa em operações diurnas, diminuía drasticamente em operações noturnas, limitando sua capacidade de infligir danos: entre 1917 e 1918, estima-se que apenas 835 ingleses foram mortos e 1.972 ficaram feridos em função dos bombardeios alemães; comparados com as baixas em operações terrestres, esses números eram desprezíveis. Além disso, as operações noturnas eram extremamente inseguras: dos 60 bombardeiros que os alemães perderam em 1917 e 1918, 36 foram destruídos em acidentes quando voltavam para suas bases na Bélgica.

Não obstante, esses fatos passaram mais ou menos desapercebidos, pois, à época do armistício, a RAF aguardava a chegada de 225 Handley Page V/1500, um superbombardeiro com quatro motores, capaz de ir e voltar a Berlim com uma carga de 1.500 kg de bombas. A idéia da *Independent Force*, o ramo da RAF que cuidaria da ofensiva dos bombardeiros, ficou como uma espécie de grande promessa que não teve tempo de mostrar toda sua força e sua eficácia. Apesar, portanto, dos sucessos da defesa aérea, o governo britânico cuidava de implementar as medidas do Relatório Smuts. A implementação e desenvolvimento de suas idéias, entretanto, ficaria a cargo de Hugh TRENCHARD.

### TRENCHARD

Já em setembro de 1916, quando ainda era o comandante do *Royal Flying Corps* (RFC) na França – cargo que exerceu de 1915 a 1918 –, Trenchard considerava que o avião era uma arma inerentemente ofensiva. Em outubro de 1917, propunha que o *Royal Navy Air Service* (RNAS) e o RFC fossem combinados numa única força sob a autoridade de um secretário do ar e um chefe de estado-maior do ar. Em novembro do mesmo ano, defendia o desenvolvimento "vigoroso" do bombardeio de longa distância como parte do RFC.

Entretanto, Trenchard nunca advogou a tese de que os bombardeios podiam por si mesmos ganhar a guerra sozinhos. Sua posição era que o enfraquecimento do moral inimigo era uma espécie de pré-requisito para que os exércitos pudessem avançar contra uma oposição bem mais fraca. Durante a I Guerra Mundial, consciente da indisponibilidade de quantidade suficiente de caças para proceder às tarefas de escolta, Trenchard argumentava que a primeira tarefa da aviação era atacar os aeroportos alemães de maneira a garantir a superioridade aérea, mantendo os alemães fora do ar. Para ele, tratava-se de uma precondição para a continuidade das operações militares. Fora isso, considerava que sua principal tarefa era proteger a força terrestre, já então em situação precária. Seus alvos prioritários eram, então, parques de montagem de trens, pontes, depósitos de suprimentos e redes ferroviárias. Para além desses alvos, Trenchard antevia outras possibilidades: minas de ferro e carvão, siderúrgicas, indústria química, fábricas de explosivos, indústrias de armamentos, fábricas de motores de avião, estaleiros, fundições e oficinas de reparos em motores. Muitos desses alvos teriam sido selecionados em função de seu tamanho e facilidade de identificação.

Entretanto, o objetivo de Trenchard era atingir o moral da população — ele julgava que os efeitos psicológicos do bombardeio eram superiores aos materiais numa pseudo-razão de 20 para 1 — através de alvos econômicos e militares. A base do seu raciocínio era a seguinte: os bombardeios sobre as fábricas disseminariam o pânico entre os trabalhadores. Ao mesmo tempo em que estes espraiariam o pânico pelo restante da população, o medo do bombardeio às fábricas induziria ao absenteísmo, o que, somado ao estrago que os bombardeios em si fariam às instalações, diminuiria a capacidade produtiva e militar do inimigo, contribuindo ainda mais para a quebra de sua vontade de persistir na luta. Portanto, era mais útil bombardear o máximo de alvos, ainda que não se os destruísse inteiramente.

Era essa a concepção de quebra do moral inimigo de Trenchard, e não o bombardeio indiscriminado às cidades. Em mais de uma ocasião — uma delas em 1928, um ano antes de deixar o cargo de *Chief of Air Staff* (que exerceu entre 1918 e 1929, com uma breve interrupção) —, Trenchard expressou enfaticamente sua frontal discordância com relação ao bombardeio indiscriminado de áreas residenciais, embora admitindo o ataque a alvos legítimos que porventura se localizassem em regiões urbanas. As idéias de Trenchard se consolidaram na RAF, corporificando-se em doutrina e institucionalizando-se e difundindo-se através dos manuais de doutrina e da Escola de Estado-Maior da RAF.

Porém, o bombardeio estratégico, apesar de predominante, não era a única concepção de emprego militar da aviação que a Grande Guerra propiciou. Na própria Grã-Bretanha, uma alternativa foi desenvolvida, fora do âmbito da RAF, pelo já citado J.F.C. Fuller, centrada na cooperação com as forças terrestres, notadamente com os tanques. Refletindo, ainda em 1918, em plena guerra, sobre os resultados e possibilidades mostrados pelos tanques, Fuller concebeu seu famoso *Plano 1919*. Convencido do desperdício advindo do ataque frontal puro e simples, Fuller defendia o seguinte conceito: uma vez que o quartel-general alemão na média ficava aproximadamente 30 km (18 milhas) atrás das linhas, era necessário concentrar-se para um violento ataque no setor escolhido. Esse ataque seria conduzido da seguinte forma: colunas de tanques de alta velocidade atacariam simultaneamente e sem qualquer aviso (como uma barragem prévia de artilharia, por exemplo) em ambos os flancos, penetrando as linhas inimigas rumo aos centros de comando previamente identificados, ao mesmo tempo em que os aviões bombardeariam as linhas de suprimento inimigas por trás do *front*. Considerando-se uma linha de frente de aproximadamente 150 km (90 milhas), o assalto principal seria lançado no momento de máximo pânico: essa linha seria dividida em vários segmentos de aproximadamente 25 km (15 milhas) que seriam alternadamente penetrados e envolvidos pela infantaria e tanques pesados. O passo lógico, entretanto, era a mecanização de todo o exército e seus suprimentos, de maneira que a exploração do sucesso obtido no ataque pudesse ser explorado em busca de vitórias decisivas. Quando o plano foi concebido, os tanques disponíveis não eram rápidos o suficiente (o *Whippet* fazia apenas 13 km ou 8 milhas por hora). Fuller sabia disso, mas sabia também que o novo tanque (que ele chamava de *Medium D*) exigido pelo seu plano era já tecnicamente viável. O Plano 1919, entretanto, não chegou a ser testado, uma vez que o armistício veio antes.

Observe-se, entretanto, que a idéia do bombardeio estratégico — com seu pressuposto de um papel independente para a aviação e seu corolário de que era necessário um órgão de planejamento específico para seu emprego unificado — oferecia um excelente argumento em prol da independência das forças aéreas, que em muitos países permaneciam atreladas às marinhas e/ou aos exércitos. No caso da Grã-Bretanha, o horror diante da carnificina da I Guerra Mundial, a convicção razoavelmente difundida de que aquela havia sido "a guerra para acabar com todas as guerras" e a sensação de conforto advinda de sua vantajosa posição geográfica levaram a que as lideranças políticas britânicas se desinteressassem, em larga medida, das questões militares. Isso deixou enorme espaço para que as forças — principalmente a RAF, ansiosa por consolidar sua autonomia — perseguissem suas estratégias e doutrinas preferidas, fortemente determinadas por fatores organizacionais. Havia, portanto, pouca integração entre as diversas forças, inviabilizando a produção e mesmo a busca de uma doutrina unificada que viabilizasse a condução efetiva de uma guerra.

Também em outros países, os pilotos se sentiam fortemente atraídos pelo bombardeio estratégico, e sua promessa de ganhar guerras sem o desperdício de vidas que a experiência da I Guerra Mundial levara a associar com as operações terrestres impressionava vivamente as lideranças políticas. Nos Estados Unidos, os pilotos se apegaram ao bombardeio estratégico de maneira entusiástica. A maneira desabrida com que muitos oficiais a defendiam levou a que alguns deles fossem julgados por insubordinação. O exemplo mais famoso é o de William "Billy" Mitchell, levado à corte marcial em 1925.

É nesse ambiente que é publicado, em 1921, o livro de Giulio Douhet.

## Giulio Douhet

O oficial de artilharia e engenheiro italiano Giulio Douhet é o mais radical dentre os autores da primeira geração de pensadores do emprego militar da aviação. Desde o início do século, antes mesmo que o avião fosse inventado, Douhet já pensava sobre as operações militares pelo ar, discutindo as possibilidades dos dirigíveis (os famosos Zeppelins). Com o surgimento do avião, suas reflexões se voltaram rapidamente para este, que considerava mais versátil que os Zeppelins. Já em 1910, Douhet afirmava que "o céu se tornaria um campo de batalha tão importante quanto a terra ou o mar", e que era necessário obter o domínio do ar de maneira a explorá-lo adequadamente, na suposição de que o correto emprego da aviação dependia de sua autonomia face às necessidades dos comandantes em terra e no mar. Já então, Douhet defendia a criação de uma força aérea separada, comandada por aviadores. Em 1912, ao considerar que tipos de aviões uma força aérea deveria ter, Douhet concebeu um tipo de avião de emprego geral, que pudesse desempenhar os papéis de reconhecimento, combate aéreo e bombardeio. Essa aeronave deveria carregar uma grande carga de bombas.[49]

Douhet expôs suas idéias embrionárias em relatórios oficiais e em artigos. Estes, entretanto, não foram suficientes para convencer seus

---

49. MEILINGER, Philip S. "Giulio Douhet and the origins of airpower theory" in MEILINGER, Philip S. (org.). *The Paths of Heaven: the evolution of airpower theory*. Maxwell AFB (Alabama), Air University Press, 1997, p.2.

superiores, oficiais e políticos. Ainda durante a I Guerra, a impaciência de Douhet levou-o a uma intensa atividade proselitista, ao mesmo tempo em que externava críticas acirradas à condução da guerra por parte das autoridades italianas. Essas atitudes lhe valeram várias advertências e culminaram com uma corte marcial que determinou sua prisão em 1916. Após a guerra, entretanto, os resultados de uma investigação oficial sobre a batalha de Caporetto — em que os italianos perderam 300.000 homens — validaram muitas das críticas de Douhet, levando à sua reabilitação em 1920.

## O domínio do ar[50]

Na verdade, sua reabilitação foi tal que, no ano seguinte, a primeira edição de seu livro *Il dominio dell'aria* (*O domínio do ar*) foi publicada sob os auspícios do Ministério da Guerra italiano. Em 1926, entretanto, numa nova edição, revisada e modificada, Douhet radicalizou ainda mais suas idéias, renegando explicitamente alguns pontos da edição anterior de *Il dominio dell'aria*, pontos esses que ele qualificou de "concessões" feitas para evitar chocar o público; Douhet escreveu, na edição de 1926, que era preciso ser absolutamente franco, expondo noções que, independentemente de uma eventual reação negativa, era preciso trazer à luz. Conforme o próprio autor, portanto, considera-se a edição de 1926 como sendo o seu pensamento maduro, e é este que será exposto aqui.

Douhet considerava que o impasse das trincheiras da I Guerra Mundial era a realidade definitiva da guerra em terra, tendo a defesa assumido tal vantagem com relação ao ataque que a tendência nas guerras era o morticínio improdutivo. Essa tendência era intensificada pelo fato de que as guerras tinham passado a ser, na sua opinião, guerras totais, em que toda a sociedade se via envolvida. Com isso, graças às enormes vantagens da defesa na guerra em terra, as populações tendiam a ser dizimadas em inúteis ataques fadados a malogro.

Para Douhet, a continuação desses ataques refletia uma concepção, segundo ele obsoleta, típica de comandantes terrestres: a de que a ação em terra era necessária para permitir a ocupação do território inimigo. Douhet sustentava que esse não era o objetivo real da guerra: tratar-se-

---

50. Douhet, Giulio. *O domínio do ar*. Belo Horizonte, Itatiaia / INCAER, 1988.

ia, na verdade, de quebrar a vontade inimiga de permanecer lutando. Para Douhet, portanto, o principal objeto da guerra não eram as forças armadas inimigas, mas o próprio moral de sua população. Para Douhet, havia um modo de atingi-lo diretamente, e essa maneira era o bombardeio aéreo.

Douhet sustentava que a enormidade das dimensões do espaço aéreo e a velocidade, alcance e capacidade de se mover desimpedido em todas as direções davam ao avião a capacidade de atingir praticamente sem oposição qualquer ponto do território inimigo, desconsiderando suas forças de terra, de mar e também de ar. Com efeito, para Douhet a capacidade de surpresa do avião era praticamente infinita. Segundo Douhet, só seria possível saber onde os bombardeiros atacariam quando já não houvesse mais tempo hábil para reagir, a não ser que cada alvo potencial estivesse permanentemente protegido por uma força de aviação no mínimo igual à que atacava. Como, para Douhet, a artilharia antiaérea seria absolutamente ineficaz, e a defesa pelo ar contra os bombardeiros era na prática impossível, restava que, na guerra no ar, todas as vantagens residiam na ofensiva, nunca na defesa.

Dessa forma, para Douhet, o bombardeio aéreo poderia atingir diretamente o moral da população inimiga, causando tal pânico que a pressão da população sobre seu governo o levaria a fazer a paz imediatamente. Para Douhet, a melhor maneira de fazê-lo era um ataque que lançasse uma combinação de bombas explosivas — para causar destruição —, bombas incendiárias — para atear fogo nos destroços — e bombas químicas — para impedir o combate ao incêndio.

Douhet fazia, entretanto, uma cautela: uma vez estabelecido um alvo, era necessário destruí-lo completamente, de maneira a não ser necessário repetir a operação. Para Douhet, o ideal era que as forças de bombardeio fossem dimensionadas para destruir completamente um círculo de 500 metros de diâmetro. Para consegui-lo, Douhet calculava que dez toneladas de bombas — supondo-se bombas em que o explosivo respondesse por metade de seu peso e a carcaça pela outra metade — eram capazes de produzir tal estrago, implicando que, para as condições da época e do futuro imediatamente próximo, cinco bombardeiros deveriam compor a unidade que destruiria completamente um alvo. Para dar uma larga margem de segurança, Douhet calculava que se deviam alocar dez bombardeiros para uma unidade de bombardeio. Note-se aqui, incidentalmente, a omissão das necessidades de transporte de bombas incendiárias e químicas.

Para que isso fosse possível, entretanto, era necessário que as forças de bombardeiros pudessem operar livremente. Embora Douhet considerasse impossível a defesa contra ataques aéreos, havia, segundo ele, uma maneira de impedi-los: era destruir a força de bombardeiros inimigos quando esta ainda se encontrasse no solo. De fato, para Douhet, essa era a primeira operação de guerra: as forças de bombardeiros inimigos no solo eram o primeiro alvo, absolutamente prioritário, pois esse ataque permitiria ao lado que destruísse os bombardeiros inimigos obter o domínio do ar e, em seguida, dar início à destruição dos alvos — inclusive, potencialmente, as cidades inimigas. De fato, numa peça de ficção publicada em 1930, um mês após a sua morte, uma guerra durava apenas 36 horas porque mais de duas dúzias de cidades da França e da Bélgica teriam sido reduzidas a cinzas nesse prazo.

Dessa maneira, a perspectiva do bombardeio tornava a guerra tão terrível que, paradoxalmente, menos mortes seriam necessárias, tornando a guerra menos mortífera, humanizando-a. Rigorosamente falando, a mera destruição da própria força de bombardeiros seria suficiente para levar os governos a fazer a paz.

Mas, pode-se indagar, e quanto às forças terrestres e navais? Para Douhet, o tempo das operações destas era tão lento em comparação com as operações aéreas que a guerra estaria decidida muito antes que os efeitos das ações dos exércitos e marinhas se pudessem fazer sentir. De resto, para Douhet, uma vez obtido o domínio do ar, era possível bombardear com tranqüilidade e sem qualquer oposição os exércitos e marinhas inimigos — embora isto fosse, na prática, desnecessário, pois a guerra então já estaria decidida.

Para Douhet, uma estratégia aérea independente teria que ser conduzida de maneira desimpedida dos preconceitos dos comandantes de terra e de mar, que tenderiam a utilizar os aviões para seus propósitos imediatos, desperdiçando seu potencial revolucionário. O planejamento e a condução da guerra no ar deveriam ser feitos por uma força aérea independente, comandada por aviadores, os únicos que poderiam utilizar os aviões da maneira adequada.

A composição da força aérea independente é um dos temas onde a posição de Douhet se modificou na segunda edição de *Il dominio dell'aria*. Na primeira edição, Douhet considerava que, além da aviação de bombardeio, era necessário ter uma aviação de escolta, composta de aeronaves semelhantes ao bombardeiro, com o mesmo alcance, mas que, ao invés de carregarem bombas, carregassem armamento que permitisse o combate contra outras aeronaves; além disso, Douhet reconhecia a necessidade de aviões de reconhecimento, que pudessem, entre outras coisas, identificar alvos para os bombardeios. Já na segunda edição, Douhet radicaliza sua posição: como seria impossível a um defensor atacar os bombardeiros, a aviação de escolta era um desperdício, cujo único resultado era subtrair recursos da aviação de bombardeio; os bombardeiros deveriam carregar seu próprio armamento defensivo, de maneira a que pudessem fazer frente a um eventual golpe de sorte do defensor. Douhet considerava que a aviação de escolta, que defendera na primeira edição, era inútil, mas que era uma concessão ao moral da tripulação dos bombardeiros. Na segunda edição, ele deixava claro que constituir uma aviação de escolta era um equívoco. A força aérea independente, portanto, para Douhet, seria composta apenas pelos bombardeiros e aviões de reconhecimento. Também os caças, para Douhet, eram um desperdício de recursos, pois, segundo ele, nunca seria possível se defender dos bombardeiros inimigos, a não ser, como já dito, destruindo-os preventivamente no chão.

A constituição de uma força aérea independente impunha, para Douhet, uma nova configuração institucional dos arranjos de defesa de um Estado. Para ele, era inadmissível que, sendo a força aérea independente tão mais importante que as marinhas e os exércitos, os recursos fossem igualmente divididos entre forças que tinham capacidades e responsabilidades desiguais. Para ele, esse seria o resultado inevitável da distribuição dos recursos orçamentários, a não ser que se criasse um ministério responsável pela guerra que subordinasse as três forças e que fosse comandado por um civil. Para Douhet, essa reconfiguração institucional era indispensável para a correta condução de uma guerra e para proteger a força aérea independente; caso contrário, os interesses das demais forças tendiam a prevalecer sobre os da força aérea independente e, portanto, para Douhet, sobre os do Estado, no que se referia à condução da guerra.

Na concepção de Douhet, os aviões de bombardeio e de reconhecimento eram em pouca coisa diferentes, em linhas gerais, dos aviões de transporte de uso comercial. Em tempo de guerra, portanto, estes podiam ser facilmente convertidos para uso militar. Assim, Douhet defendia que o governo subsidiasse a aviação comercial civil em tempo de paz, tanto para dispor rapidamente, caso necessário, de uma grande aviação militar em tempo hábil e a baixo custo, quanto para criar uma espécie de mentalidade aérea na população em geral. No entanto, Douhet alertava que era necessário dispor permanentemente de uma aviação militar, para que se pudesse fazer frente com presteza a qualquer eventualidade.

## Os impasses e a influência da obra de Douhet

Apesar de sua lógica interna, o pensamento de Douhet assenta sobre bases falsas. De início, uma delas é surpreendente, quando se leva em conta o fato de que Douhet provinha da arma de artilharia: a sua estimativa grosseira da capacidade dos bombardeiros de infligirem danos físicos. Em primeiro lugar, Douhet simplesmente desconsidera a possibilidade de proteção reforçada a determinados alvos (por exemplo, hangares ou fábricas); bastaria essa simples proteção para que mais bombas — e, portanto, mais bombardeiros — fossem necessárias para sua destruição. Em segundo lugar, considere-se esse simples exercício intelectual construído a partir de uma reflexão de Philip S. Meilinger[51], num estudo crítico sobre a obra de Douhet: o seu círculo de 500 metros de diâmetro a ser completamente destruído implicava uma área de aproximadamente 0,19 quilômetro quadrado. A cidade de Londres tinha uma área aproximadamente mil vezes maior (algo em torno de 200 $km^2$). Ou seja, para destruir Londres completamente, e utilizando-se as mais otimistas expectativas de Douhet, seria necessária uma força de cinco mil bombardeiros; se levarmos em conta a margem de segurança, ainda otimista, pensada por Douhet, seriam necessários 10.000 bombardeiros. Se se incluem os bombardeiros que lançariam as bombas incendiárias e as bombas de gás, postuladas por Douhet, quantos bombardeiros seriam necessários para destruir completamente Londres, ou seja, uma única cidade? E no entanto, naquela peça de ficção a que se aludiu acima, duas dúzias de cidades da França e Bélgica são destruídas por apenas 1.500 bombardeiros carregando bombas de apenas cinqüenta quilogramas. É evidente que suas estimativas de danos não são nem minimamente coerentes.

Um pequeno exemplo pode ser trazido para se mostrar o quanto era exagerada a expectativa de Douhet. No ataque a três plantas de óleo sintético alemãs — um alvo relativamente grande, mas bem menor que, por exemplo, Londres —, os aliados despejaram 29.956 toneladas de bombas. Caso as estimativas de Douhet estivessem certas, essa quan-

---

51. MEILINGER, Philip S. "Giulio Douhet", p.21-2.

tidade de bombas equivaleria à destruição total de três mil áreas de 500 metros de diâmetro, ou seja, um total de 600 $km^2$, isto é, três cidades do tamanho de Londres.

Outro erro grosseiro de Douhet foi sua subestimação da capacidade de se defender contra os bombardeiros. Já vimos anteriormente como, mesmo na I Guerra Mundial — antes, portanto, da invenção do radar —, os britânicos tinham conseguido forçar os bombardeiros alemães a só voarem à noite, graças à efetividade de sua defesa aérea. Além disso, Douhet simplesmente ignorou o fato de que a artilharia aliada derrubou mais de mil aviões alemães durante a Grande Guerra e que, graças a melhorias nos sistemas de detonação, o número de tiros certeiros necessários para se derrubar um avião caiu à metade entre 1915 e 1918. A II Guerra Mundial mostrou o quanto ele se equivocara nesse aspecto.

Na invasão da França em 1940, a *Luftwaffe* atacou as forças aéreas e terrestres dos aliados, obtendo excepcional sucesso e contribuindo decisivamente para o avanço alemão rumo a Dunquerque. Aí as coisas começaram a piorar. Apesar de operarem a partir de bases avançadas em aeroportos capturados, os caças alemães estavam no limite de seu alcance e dispunham de menos tempo de vôo no local que os *Hurricane* e *Spitfire* britânicos. Os bombardeiros, então, que operavam de bases na Alemanha, enfrentavam situação ainda mais difícil. Entre 26 de maio e 3 de junho, a RAF perdeu 177 aviões e a *Luftwaffe*, 240. No dia 27, os alemães sofreram mais baixas no ar que nos dez dias anteriores. Em maio e junho de 1940, a *Luftwaffe* perdeu no total 28% de seus aviões; entre os caças bimotores, bombardeiros e bombardeiros de mergulho, as baixas foram da ordem de 30%; entre os caças monomotores, 19%. As baixas entre os pilotos foram apavorantes: 15,2%.

Na Batalha da Inglaterra (entre julho e setembro de 1940), as preparações e o uso inteligente dos recursos feitos pelo marechal-do-ar DOWDING, do *Fighter Command*, permitiram que a RAF, ainda que sofrendo baixas horripilantes e estando sempre na iminência da derrota, impusesse baixas suficientes para que a operação de invasão alemã fosse inviável, acabando por ser abortada. A *Luftwaffe* oscilava entre a obtenção da superioridade aérea e o bombardeio "de terror" sobre Londres, permitindo ao *Fighter Command* se recuperar dos ataques a seus aeroportos; o alcance limitado dos bombardeiros alemães deixava áreas inteiras da Inglaterra a salvo dos bombardeios, permitindo a continuidade da produção de aeronaves e do treinamento, ainda que apressadíssimo, de pilotos; e em nenhum momento a inteligência alemã estimou corretamente os danos produzidos à RAF, deixando a *Luftwaffe* sempre surpreendida com a resistência britânica. Ao fim e ao cabo, entre maio e setembro de 1940, a *Luftwaffe* perdeu 57% de seus aviões: 50% de seus bombardeiros de mergulho, 65% de seus bombardeiros (1.142 de um total de 1.758), 94% de seus caças bimotores e 57% de seus caças monomotores. Em função dessas baixas e dos preparativos para a invasão da Rússia, a ofensiva contra a Inglaterra foi suspensa.

### DOWDING e a defesa aérea britânica

Durante a década de 1930, à medida que o espectro da guerra voltava a assombrar os espíritos, as lideranças políticas inglesas começaram a questionar-se sobre o papel reservado aos civis na guerra desenhada pelos defensores do bombardeio estratégico, ou seja, o de alvos resignados. De fato, a idéia não parecia muito atraente, nem para a população, nem para os políticos. O problema da defesa aérea se tornava cada vez mais premente.

As principais razões para o desenvolvimento efetivo de uma defesa aérea foram três: a primazia das lideranças políticas e de suas razões sobre o argumento técnico de seus conselheiros militares; a lucidez de Dowding, um dissidente dentro da RAF; e um desenvolvimento tecnológico da maior importância.

Em 1938, a paridade com a *Luftwaffe* se tornara quase uma obsessão para os líderes britânicos. Nesse quadro, o número de aviões ganhava, junto à opinião pública, importância sobre seu tipo, curiosa e paradoxalmente a mesma situação enfrentada por Hitler na Alemanha. O Estado-Maior da RAF defendia a aquisição de mais bombardeiros, mas quando o Ministro para a Coordenação da Defesa, Sir Thomas Inskip, perguntou sobre a velocidade de produção e custo unitário de bombardeiros e caças, foi informado de que caças podiam ser construídos mais rapidamente e a custo menor. O gabinete então inverteu as prioridades da RAF e optou pela construção de um maior número de caças. O raciocínio por trás da decisão de Inskip era: impedir um ataque aéreo alemão devastador, possibilitando obter a vitória por um processo de estrangulamento da Alemanha através do domínio do mar.

Por outro lado, em razão do grande crescimento da RAF e do temor mútuo dos defensores do bombardeio e da defesa aérea de que sua doutrina preferida fosse prejudicada caso o comando ficasse nas mãos dos defensores da doutrina concorrente fez com que um dos oficiais da RAF, não comprometido com o bombardeio, advogasse a separação da RAF em vários comandos operacionais, dentre os quais se sobressaíam o *Bomber Command* (Comando dos Bombardeiros) e o *Fighter Command* (Comando dos Caças). O papel desse dissidente, Major Dowding, dificilmente pode ser exagerado, porque dificilmente poderia ser mais importante.

Em 1934, antes mesmo que Hitler denunciasse o Tratado de Versalhes e anunciasse o programa de rearmamento alemão, o governo britânico começava a receber informações de que uma enorme força aérea alemã estava prestes a surgir. Na época, um meteorologista chamado Robert Watson-Watt vinha fazendo algumas experiências inovadoras com rádio para tentar medir a distância e a posição de tempestades. H.E. Wimperis, assessor científico do Ministério da Guerra, perguntou então a Watson-Watt se era possível fazer um "raio da morte" que derrubasse os bombardeiros que porventura entrassem no espaço aéreo britânico. Watson-Watt respondeu que não era possível fazer um "raio da morte", mas era possível construir um instrumento que localizasse os bombardeiros a longa distância. À época, Dowding era o responsável pela Pesquisa e Desenvolvimento do Ministério da Guerra. Logo em fevereiro de 1935, Watson-Watt fez uma demonstração razoavelmente bem sucedida do novo instrumento; era ainda rudimentar, precisando de mais pesquisas, mas o princípio era claro e estava demonstrado. Surgia o radar. Dowding conseguiu imediatamente que o Ministério da Guerra financiasse as pesquisas e o desenvolvimento do radar.

Em 1936, foi criado o *Fighter Command*, cujo comando foi assumido por Dowding. Este começou então a trabalhar num sistema de comando e controle que pudesse ser eficaz para a defesa aérea. O sistema, ao final, incluía uma cadeia completa de radares, mais uma vasta rede de observadores (*Royal Observer Corps*) e um complexo sistema de comunicações. Várias agências foram envolvidas: por exemplo, ao Correio cabia construir e manter as linhas terrestres que conectavam as estações de radar e os postos de observação aos postos de comando. O sistema não era perfeito, mas era o melhor já visto até então e foi eficaz. Sua principal vantagem na Batalha da Inglaterra, entretanto, residia no fato de que os alemães não sabiam rigorosamente nada sobre sua estrutura e funcionamento, fazendo com que procedessem às cegas.

Além disso, Douhet subestimou absurdamente a capacidade das populações de resistirem aos riscos e sofrimentos dos bombardeios. De fato, a experiência da II Guerra Mundial — e da Guerra Civil Espanhola, como percebeu parte da oficialidade da *Luftwaffe* — revelaria que geralmente o efeito moral dos bombardeios era exatamente o oposto do pretendido por Douhet: intensificava-se, pela dor e pela fúria, a vontade da população em dar o troco, solidarizando ainda mais governo e sociedade. Douhet parece aqui padecer de um preconceito: o de que as populações civis eram covardes e assustadas. Não foi isso que se viu. Em defesa de Douhet, entretanto, cabe salientar que nisso ele não estava sozinho; muitos autores entendiam que o colapso de moral que redundara do desgaste da I Guerra Mundial seria mais facilmente reproduzido por ataques vindos do ar contra os quais não haveria defesa.

Talvez em função desse preconceito, Douhet julgava que, para ser efetiva, uma defesa contra os bombardeios — que ele considerava impossível — teria que destruir todos os bombardeiros, pois, na sua concepção, um só bombardeiro que despejasse suas bombas já produziria grande efeito moral sobre a população. Curiosamente, Douhet desprezava o efeito moral (e material) sobre o inimigo da destruição de um grande número de seus aviões.

Douhet falhou também em antever possibilidades alternativas de emprego da aviação, principalmente no apoio aéreo e interdição, em cooperação com as forças terrestres. Para isso contribuiu sua avaliação equivocada da perenidade do impasse das trincheiras. Como já visto, as possibilidades da motorização e da mecanização da guerra em terra eram muitas, exigindo criatividade e experimentação para se configurarem em instrumentos de uso militar.

Ao contrário do que Douhet imaginava, a invasão da França pela Alemanha, em 1940, dá testemunho das grandes possibilidades disponíveis aos comandantes de terra na exploração das vantagens advindas do uso do ar. Durante a longa espera entre o final de 1939 e maio de 1940, os alemães tinham percebido algumas coisas, dentre elas: que os aliados pretendiam avançar sobre a Bélgica com suas melhores forças; segundo, que esse avanço não teria início antes que a Alemanha desse início à sua ofensiva.

Tudo estava pronto, então, para o cumprimento do plano alemão, que acabou por explorar esta vantagem de inteligência. Em 10 de maio de 1940, a Alemanha iniciou o seu ataque, o famoso "Golpe de Foice". O Grupo de Exércitos B (*Heeresgruppe B* — HGB), comandado por von Bock, invadiu a Holanda e a Bélgica com 30 divisões; a conquista da Holanda levou apenas cinco dias: os holandeses se renderam em 14 de maio. O principal ataque do HGB, porém, foi o que penetrou pela área estreita entre Maastricht e Liège, que atingiu a linha do Rio Dyle (para onde as tropas belgas haviam recuado, com o objetivo de encontrar as forças aliadas de França e Inglaterra) no dia 15 de maio, onde os aliados os esperavam com 35 de suas melhores divisões (contra 23 alemãs, sendo uma *Panzer*). Na noite do dia 15, porém, os aliados já sabiam que o principal ataque alemão não vinha pelo norte, mas sim pela região das Ardenas, mais ao sul.

Ali, o Grupo de Exércitos A (HGA), comandado por von Rundstedt, fazia a principal e surpreendente ofensiva alemã. Liderado pelo Grupo Blindado de von Kleist (incluindo cinco DIVISÕES *PANZER* SOB GUDERIAN e Rheinhardt) e o Corpo Blindado de Hermann Hoth (duas divisões *Panzer*). Essa força avançara por três estradas, atingindo o rio Meuse na noite de 12 de maio; a Cavalaria Francesa e o terreno ondulado das Ardenas mal atrasaram a marcha. O Meuse foi forçado em 13 de maio em três lugares diferentes, sendo que, em Sedan, um enorme e constante bombardeio aéreo dizimara a artilharia francesa enquanto as divisões *Panzer* de Guderian cruzavam o rio infiltrando-se por entre as posições francesas. Em 14 de maio o rio foi transposto pela vanguarda Panzer, assim como pelas divisões de infantaria mecanizada que a seguiam. Os exércitos franceses naquele setor, comandados respectivamente por Corap e Huntzinger, se retiraram, e Guderian encontrou, em 15 de maio, uma avenida aberta entre o Segundo e o Nono Exércitos franceses: uma brecha de 80 km de largura que se estendia, praticamente desguarnecida, desde Sedan até o mar.

As forças enviadas para tentar conter a penetração de Guderian não chegaram a tempo, em parte porque as comunicações francesas dependiam do telégrafo e do telefone, em parte porque a *Luftwaffe*, tendo obtido superioridade aérea, interditava o movimento das tropas aliadas.

Entretanto, em 17 de maio, o Alto Comando do Exército alemão (*Oberkommand des Heeres* — OKH), temendo um contra-ataque aliado, ordenou a Guderian que parasse. Guderian, consciente da natureza fugaz da oportunidade que tinha diante de si, protestou energicamente, conseguindo autorização para conduzir um "reconhecimento em força"; na prática, uma autorização para prosseguir em seu avanço rumo ao mar, desde que deixasse parte de suas forças em Montcornet. Um pouco mais a Norte, as forças de Hoth, capitaneadas pela *Panzer* de Rommel, tomam Cambrai e, na Bélgica, von Bock perseguia os Aliados em retirada, atingindo o Rio Dender em 18 de maio. Em 19 de maio, a infantaria alemã já consolidara a linha até Montcornet, e Kleist foi autorizado a continuar avançando. Guderian já estava bem mais adiante e prosseguiu, atropelando as forças aliadas que encontrava em seu caminho, até que, em 20 de maio, com a rendição de Abbeville, os alemães já tinham um corredor para o mar, separando os aliados de suas bases de suprimentos e expondo Paris a um ataque direto. A Força Expedicionária Britânica (BEF), isolada dos portos principais do Canal, foi obrigada a recuar para Dunquerque, sem nenhuma esperança de contra-atacar.

Nesse meio tempo, Guderian prosseguiu até Bolonha e, em seguida, Calais, isolada em 22 de maio. Em 24 de maio, cinco *Panzerdivisionen* estavam pressionando a linha do canal, quando sobreveio a ordem de Hitler de parar o ataque. Esse milagre permitiu aos britânicos consolidarem um perímetro e, em seguida, improvisarem a evacuação de suas forças, sob cobertura da RAF, que impediu que o bombardeio da *Luftwaffe* inviabilizasse esta retirada. Os britânicos deixam para trás quase todo seu equipamento. Em 26 de maio, Hitler autorizou as *Panzer* a prosseguirem e atacarem a linha do Canal. Em 5 de junho, quando os alemães finalmente atingiram Dunquerque, os aliados haviam evacuado 338.226 soldados britânicos, franceses e belgas. No Norte, as forças belgas e aliadas recuaram até Oostend e, em 28 de maio, o Rei Leopoldo se rendeu incondicionalmente.

Em 5 de junho, as forças alemãs se redirecionaram para a conquista total da França. As forças aliadas não tinham mais a menor condição de combater: faltava equipamento e, principalmente, moral; a absoluta superioridade aérea alemã lhes permitia explorar qualquer vulnerabilidade nas disposições francesas e a *Luftwaffe* havia conquistado uma ascendência psicológica tal que o ruído das sirenes e as fintas das aeronaves alemãs eram suficientes para dispersar ou desmoralizar tropas francesas. As divisões alemãs atacaram as fortificações da Linha Maginot, vencendo os últimos focos de resistência. O armistício foi assinado em 22 de junho.

Assim, em apenas 42 dias, as forças terrestres alemãs, apoiadas pela *Luftwaffe*, num papel totalmente distinto do defendido por Douhet, obtêm uma vitória estrondosa, ao passo que a Batalha da Inglaterra e o bombardeio aliado sobre a Alemanha mostram que as expectativas de Douhet quanto ao desempenho das forças aéreas eram irrealistas. Ao contrário do que Douhet imaginava, alternativas táticas continuavam disponíveis para as forças terrestres.

## GUDERIAN E AS DIVISÕES *PANZER*

Em 1928, Heinz Guderian tornou-se responsável pelo estudo do transporte de tropas por caminhão no exército alemão; além disso, passou também a dar aulas sobre tática de tanques. Segundo ele próprio, foi em 1929 que suas idéias sobre guerra blindada realmente tomaram forma. Ainda segundo Guderian, foi então que ele concluiu que uma força só de tanques estava fadada a derrota, e que era extremamente necessário o concurso de infantaria e de artilharia, que, no entanto, deveriam ajustar-se ao ritmo e velocidade dos tanques, e não o contrário, como queriam os franceses.

A idéia das forças mecanizadas ia gradativamente ganhando terreno entre os demais oficiais alemães. No entanto, havia ainda um intenso debate acerca da alocação ou não de tanques a outras unidades. Beck, chefe do Estado-Maior a partir de outubro de 1933, queria que o exército tivesse três divisões *Panzer* (blindadas) e três brigadas de tanques independentes, que poderiam ser alocadas a unidades de infantaria se a situação assim o exigisse. Cada divisão de infantaria, entretanto, teria um batalhão de tanque próprio, divisional, orgânico, basicamente para reconhecimento. Guderian defendia que todos os tanques e unidades mecanizadas estivessem sob seu controle: todos os esforços deveriam ser concentrados na criação das divisões blindadas (*Panzerdivisionen*). Beck queria tanto as divisões blindadas quanto tanques em apoio à infantaria. Sua proposta aumentava a flexibilidade do exército, mas demoraria muito mais tempo para ser implementada.

Exercícios com unidades motorizadas realizados em 1932 haviam comprovado que as forças de tanques precisavam do suporte de outras armas; para isto, as armas que fossem incluídas nas formações blindadas deveriam ser tão móveis quanto os tanques. Em 1934, esboçou-se o desenho das divisões *Panzer* e, em 1935, realizou-se um exercício com um protótipo. O exercício foi um sucesso, apesar do pouco tempo de treinamento e de os rádios ainda não terem sido entregues no número previsto. Em outubro de 1935, então, criaram-se as três divisões *Panzer* que haviam sido aprovadas no ano anterior. Cada uma tinha então, finalmente, dois regimentos de tanques (dois batalhões cada), um regimento de infantaria motorizada (dois batalhões), um batalhão de motociclistas, um regimento de artilharia, um batalhão de reconhecimento blindado, um batalhão antitanque e demais unidades de apoio. Guderian mesmo foi designado para o comando da Segunda Divisão Panzer.

A motorização, por sua vez, permitiu a superação de um dos mais graves problemas enfrentados pelos alemães na I Guerra: o de suprir a exploração da brecha. Como se viu anteriormente, a estreita dependência das tropas para com as ferrovias limitava em demasia não só sua mobilidade, mas também sua capacidade de ser suprida após a passagem das linhas inimigas. Não que as ferrovias tenham se tornado dispensáveis: a motorização apenas eliminou a estreita dependência para com elas no momento da ruptura da linha inimiga e de sua exploração. Esta era a componente-chave da guerra *Panzer*, freqüentemente esquecida: ela não era apenas a guerra feita com divisões de tanques; era a guerra feita com divisões móveis, cujo suprimento tinha toda a flexibilidade da malha de estradas.

Cabe destacar ainda um outro aspecto da concepção de Guderian: a correta percepção do valor do rádio para a guerra. A excelente cooperação entre as armas e as divisões *Panzer* devia-se basicamente à disponibilidade abundante de rádios. Durante a II Guerra, não foi possível em nenhum momento equipar todos os tanques com radiotransmissores, mas todos os tanques alemães tinham receptores. O rádio foi ainda crucial para a comunicação das Panzer com a *Luftwaffe*, e com isso chegamos ao elemento que faltava para compreender o sucesso alemão: a cooperação com a *Luftwaffe*. Graças à insistência de Guderian no rádio, as divisões podiam requisitar apoio aéreo quase imediatamente; a guerra *Panzer* não era um conceito de guerra terrestre, mas sim aeroterrestre.

Alguns defensores de Douhet afirmam que a bomba atômica — e, posteriormente, toda a panóplia de armamentos termonucleares — teria, ao fim e ao cabo, dado razão a Douhet. Com efeito, argumentam, o potencial destrutivo desses armamentos tornava efetivamente temível a penetração de mesmo um único bombardeiro. A relevância de suas idéias teria sido comprovada pela realidade do mundo bélico atômico e nuclear.

Essa percepção é falsa, e deriva antes do nosso espanto e assombro diante da capacidade destrutiva inaudita que os armamentos atômicos e nucleares aportaram à realidade bélica do que de um exame do processo decisório que levou à rendição japonesa em 1945. A avaliação de que teria sido o bombardeio atômico sobre Hiroshima e Nagasaki que teria levado à rendição nada mais é que uma outra narrativa mitológica.

O estudo minucioso do papel do bombardeio aéreo na rendição japonesa efetuado por Pape[52] mostra cabalmente, com o rigor científico que deve caracterizar os Estudos Estratégicos, que foi a derrota fragorosa das forças japonesas diante dos soviéticos na Manchúria que precipitou a rendição. De fato, as forças japonesas na Manchúria eram consideradas pelo alto comando japonês como suas melhores forças; se elas puderam ser vencidas tão facilmente, o que aconteceria no caso da iminente invasão do território metropolitano japonês pelos aliados? À luz destes resultados, o alto comando japonês passou a julgar que não seria possível resistir ao avanço das tropas invasoras.

Ao mesmo tempo, a revisão das atas de reunião do governo japonês deixa claro que a bomba atômica fora percebida pelo seu exército como apenas uma superbomba, que não alterava a situação geral: desde março de 1945, as cidades japonesas vinham sendo sistematicamente incineradas pelo bombardeio americano; em um só dia (10 de março de 1945), morreram mais pessoas em Tóquio do que em Hiroshima em 6 de agosto. E, não obstante, esse bombardeio sistemático com bombas convencionais durou aproximadamente três meses, obliterando a maior parte das áreas urbanas japonesas. Dessa forma, é compreensível a percepção do alto comando japonês segundo a qual a bomba atômica não significava grande coisa; já a incapacidade de resistir a uma invasão do Japão e a perspectiva de uma ocupação soviética eram fatos novos que forçavam a rendição para evitar o fim do Império Japonês.

Vale contrastar tais afirmações com o comentário de Philip Meilinger: "se a única coisa que tornasse Douhet relevante fosse o prospecto do holocausto nuclear, então ele seria, de fato, totalmente irrelevante"[53]. De fato, não é razoável que a perspectiva de aniquilação da espécie humana seja brandida por quem quer que seja para viabilizar qualquer propósito político. Afinal, este prospecto aniquilaria também aqueles que porventura viessem a ameaçar um oponente com a obliteração.

---

52. PAPE, Robert. *Bombing to Win: Air Power and Coercion in War*. Ithaca, Cornell University Press, 1996.

53. MEILINGER, Philip. "Giulio Douhet and the origins of airpower theory", p.31.

Observa-se, assim, que nem o prospecto do bombardeio atômico valida as idéias de Douhet. Resta examinar uma argumentação mais recente, que também tentou validar os preceitos douhetianos: afirma-se que a Guerra do Golfo de 1991 teria cumprido as expectativas de Douhet. Segundo este argumento, a Coalizão teria obtido sua rápida vitória a partir de um verdadeiro "comando do ar", que teria não apenas desarmado a Força Aérea Iraquiana, destroçado suas indústrias de armamentos mais avançados e destruído do ar as forças iraquianas que ocupavam o Kuwait. De acordo com esta leitura, apenas a rendição iraquiana teria evitado a destruição completa de suas forças armadas, sua infra-estrutura industrial ou eventualmente suas cidades. Enfatiza-se que foi uma decisão política que impediu a exploração do comando do ar para a destruição da moral iraquiana pelo bombardeio contra suas cidades. O principal, porém, seria a evidência de que as forças aéreas teriam podido destruir as forças terrestres iraquianas (após terem obtido a supremacia aérea), praticamente sem recurso às forças terrestres da Coalizão. Esta interpretação foi reforçada pela apresentação seletiva de imagens pela televisão "em tempo real", tornando-se muito plausível para aqueles cuja única fonte de informação sobre a guerra foi a TV.

No entanto, as coisas não foram bem assim. A Guerra do Golfo de 1990-91 iniciou-se, em agosto de 1990, com o que poderia ter sido um *fait accompli* ou o início da conquista do virtual monopólio do petróleo mundial pelo Iraque. Na esteira de uma relação difícil com o Kuwait, um de seus maiores credores, e cuja existência independente só pudera continuar pela garantia de potências ocidentais, o Iraque lançou mão de seu considerável exército e invadiu o país. Talvez tenha sido um arroubo, sem maiores preparativos, sem maiores reflexões e, acima de tudo, sem uma logística capaz de fazer muito mais do que ocupar *Kuwait City*. Mas a ameaça de um seguimento contra a Arábia Saudita pôs em campo os Estados Unidos da América. A administração Bush tomou súbita e dolorosamente consciência de que o governo iraquiano não era razoável; percebeu de súbito que os programas militares iraquianos não eram um diletante passatempo tecnológico, mas uma ameaça real à fonte de mais da metade do petróleo mundial.

Não cabe discutir aqui o processo pelo qual os Estados Unidos decidiram-se a barrar e então desfazer a agressão iraquiana. Basta-nos que, com algum retardo, em escassas 48 horas, as primeiras tropas americanas tenham se interposto no caminho do Exército do Kuwait iraquiano. Por outro lado, é impossível contextualizar o desenlace militar da Guerra do Golfo, em 1991, sem uma visão, superficial que seja, do elaborado processo político pelo qual a Carta das Nações Unidas emitiu seu primeiro mandato combativo em quase meio século.

Ante a ameaça de um avanço contra a Arábia Saudita e os Estados do Golfo Pérsico, onde estão entre 50% e 60% do petróleo mundial, e em nome das garantias que a ONU assegura a seus membros, uma série de medidas militares e diplomáticas foram imediatamente ativadas. Este processo acabou por se consolidar numa ampla coalizão multinacional, cujo mandato cresceu da defesa do solo saudita para a reversão da ocupação iraquiana do Kuwait.

Sucintamente, o problema era que a administração Bush não desejava que a resposta à agressão iraquiana fosse uma ação unilateral. Todo o seu projeto político pós-Guerra Fria dependia do estabelecimento das bases de um regime de segurança de ação concertada, em que a opção pela guerra fosse clara e inequivocamente ou uma agressão inaceitável ou uma resposta legítima a tal agressão. O emaranhado político árabe-muçulmano, tornado ainda mais complexo pela problemática questão de Israel, se conectava com a difícil construção de uma maioria e de uma ausência de veto russo ou chinês no Conselho de Segurança das Nações Unidas, tudo isto ampliado pela perspectiva de uma campanha pelo segundo mandato presidencial. Assim, enquanto o Iraque perdia a janela de oportunidade de uma *Blitzkrieg* pelas areias da Península Arábica, uma a uma se esgotavam as alternativas de paz negociada e se edificava um claro mandato para libertar o Kuwait "por todos os meios necessários". Por volta de outubro de 1990, ainda que isto só se tornasse público em novembro, o "Escudo do Deserto" que protegera a Arábia Saudita transformava-se gradualmente numa opção ofensiva.

O Iraque fortificou-se conforme os manuais soviéticos que orientavam seu pensamento militar, numa extensa e densa zona defensiva com múltiplas camadas que, esperava, imobilizaria qualquer ofensiva da Coalizão. Por detrás dela, preparava a contra-ofensiva blindada da elite do Exército Iraquiano e da Guarda Republicana, igualmente fortificada. O Iraque julgava-se imune a ataques aéreos pela posse da mais densa e extensa rede de defesa aérea fora da URSS. Com assessoria francesa, o governo iraquiano construíra as regiões de defesa aérea mais fortemente protegidas contra aviação do mundo. Isto se devia ao desejo de impedir a repetição de um ataque israelense como o que destruíra seu reator nuclear em construção em 1981. Ofertava, ainda, uma rede de $C^3IC$ de última geração, ainda que relativamente dependente de estações fixas, potencialmente capaz de orquestrar não apenas a batalha de defesa aérea mas, possivelmente, a própria batalha terrestre. Note-se como a força aérea iraquiana, sem a massa numérica exigida pela matriz doutrinária soviética, não tinha realmente um papel claro, como, de resto, não havia tido na guerra contra o Irã durante a década de 1980.

A Coalizão e o mandato das resoluções da ONU que a justificaram resultaram de um esforço diplomático inédito, centrado nos Estados Unidos. Neste arranjo, os interesses e perspectivas de ação diversificados de meia centena de nações e os princípios de segurança internacional da ONU foram forjados num virtual consenso internacional sobre a necessidade de se recorrer às armas para libertar o Kuwait. Aparentemente, o governo iraquiano estava convicto de que não seria possível quer articular uma ação conjunta, quer obter uma vitória militar que não impusesse custos e baixas proibitivos. Tanto a Etiópia tomada por Mussolini em desafio à Liga das Nações em 1936, quanto dez anos de defesa impenetrável contra ataques iranianos, pareciam estar na mente de sua chefia.

A Coalizão se beneficiou de seis meses, nos quais reuniu uma poderosa força militar e acumulou estoques e instalações de suporte; e de mais de seis décadas de experiência na articulação de aliados e forças para operações interaliadas, um ponto amplamente antecipado nos preparos norte-americanos. Um ponto nevrálgico deste arranjo foi a designação de uma estrutura unificada de $C^3IC$ capitaneada por um comandante-em-chefe plenipotenciário, que subordinava todas as forças de todos os países presentes, a quem foi passada a tarefa de planejamento e eventual execução da guerra: o General Schwarzkopf. O tempo tornou-se um fator crítico em inícios de 1991. Em março, viriam a estação das chuvas e o mês sagrado muçulmano do Ramadã. A administração Bush, à testa de uma coalizão multinacional, detinha o controle da situação e estabeleceu como prazo final os meados de janeiro de 1991.

Em 17 de janeiro de 1991, um ataque aéreo colossal desabou sobre os iraquianos, demolindo seus nexos de defesa aérea, energia, sensoriamento, $C^3IC$, logística, aeroportos e centros de pesquisa e manufatura. A lista de alvos foi cuidadosamente elaborada e deliberadamente executada de maneira a desarmar o Iraque, fosse para a luta contra as forças de terra da Coalizão, fosse para dar continuidade a seus desejos expansionistas, com o mínimo de baixas civis. Progressivamente, o peso do fogo aéreo se deslocou para as unidades de operações do Kuwait, desbastando-as e obliterando tudo o que não estivesse fortificado ou protegido. A caça aos Scuds foi um fator político relevante, expressivo em termos de aviões deslocados do bombardeio, profundamente ineficaz em seu resultado e de pouca relevância para o desenlace dos eventos no Kuwait.

Num dado momento, decidiu-se que o que se podia destruir fora destruído, e que era hora do ataque terrestre. Fintando desde o mar e na costa, o cerne mecanizado da Coalizão — um grupo de aproximadamente uma dezena de divisões mecanizadas francesa, britânica e americanas — deslocou-se para Oeste e desfechou, em conjunto com o restante das forças da coalizão, um avanço geral em toda linha. A amplitude deste ataque foi imprecedente, com as diversas forças envolvidas executando simultaneamente diversas manobras distintas, ainda que, de uma certa forma, autonomamente.

Os iraquianos da linha de frente cederam e se renderam aos milhares e dezenas de milhares; a Guarda Republicana, inicialmente desorientada pela finta, engajou-se em combate direto e foi praticamente destruída pelas forças terrestres da Coalizão. Devido a um erro de comunicação, antes que a retirada iraquiana pudesse ser definitivamente cortada, o que teria eliminado a maior parte do Exército do Iraque, o comando indicou à administração Bush que estava satisfeito, e, diante do risco de que se desse a impressão de um massacre indiscriminado e unilateral, sinalizou-se o término das operações prematuramente. Ainda houve algum combate onde os iraquianos quiseram progredir sobre posições em mãos aliadas, mas a luta cessou em tempo para o armistício.

O sucesso contra o Iraque resultou pelo menos tanto da avassaladora superioridade logística de meios, munições e suprimentos — algo que os americanos, doutrinariamente preparados para escassez, consideravam impossível numa guerra real — quanto dos resultados sistêmicos de um emprego integrado das forças armadas coligadas.

Um aspecto importante desta discussão é que, ao contrário da impressão obtida através da TV, o exército iraquiano não foi destruído pelo ar, nem se abandonou aos golpes americanos. A linha de frente, aliás de acordo com a melhor doutrina soviética, era de menor qualidade e foi deixada a si mesma — rendendo-se em massa para as forças terrestres da Coalizão. Mas o contra-ataque veio, ainda que descoordenado.

Na guerra não há certezas, e em mais de uma ocasião a vanguarda americana esbarrou em concentrações consideráveis de força iraquiana relativamente intactas, eliminado-as com seus próprios meios. Neste sentido, os iraquianos sobreviveram aos ataques aéreos em condições de lutar. Lutaram, mas as forças da Coalizão lutaram muito melhor. A sensação que se tem da literatura americana é de que a vitória teria sido possível mesmo com os armamentos trocados — propaganda ou não, reflete a centralidade do pessoal sobre o equipamento. Talvez o epitáfio mais contundente e o elogio mais sincero venham da boca de um anônimo soldado americano que, ao ser perguntado o que achara da guerra contra o Iraque, respondeu, desdenhoso: "Nosso treinamento é mais duro."

Finalmente, não se poderia terminar esta exposição sobre a Guerra do Golfo sem destacar duas salvaguardas sobre a falsa informação trazida pela TV. A primeira é que muitas das imagens vistas diversas vezes, construindo, uma a uma, nossas convicções, eram literalmente isto — a mesma imagem, vista de novo e de novo — até o ponto em que pensamos que toda a realidade era como o que a TV mostrava. A segunda é uma curiosa questão de fuso horário e *media business*; quando as batalhas terrestres mais sérias tiveram lugar, era madrugada de um fim de semana no Brasil — e não era caso de fazer uma transmissão direta. Aí, a guerra acabou — e estas batalhas, já liberadas pela censura aliada, nunca foram "notícia". Há algo a se aprender, aqui, sobre a superficialidade da notícia e sobre a necessidade de se repensar o que julgamos ter "visto com os próprios olhos".

Assim, desmontam-se uma a uma as alegações douhetianas pretensamente confirmadas pela Guerra do Golfo. Em primeiro lugar, cabe salientar que a proteção da Arábia Saudita foi feita primordialmente por aviões americanos baseados em porta-aviões. Afinal, apenas dois dias após a invasão do Kuwait, não era possível sequer transferir uma quantidade significativa de aviões para a região do Golfo Pérsico; que dizer do intenso esforço diplomático necessário para formação da Coalizão, para a cessão de bases na região, para o transporte necessariamente marítimo dos suprimentos sem os quais as aeronaves seriam apenas presas de guerra; como ilustração, deve-se lembrar que 95% do combustível consumido pelos aviões da Coalizão foram transportados por via marítima. Desta forma, a expectativa douhetiana de uma inutilidade das marinhas foi refutada pela experiência da Guerra do Golfo.

O mesmo pode-se dizer da expectativa douhetiana da obsolescência completa dos exércitos. A ofensiva terrestre da Coalizão foi indispensável para a obtenção do resultado desejado, ou seja, a expulsão das forças de ocupação iraquianas do território do Kuwait. Quando se revela o grande nível de desgaste das forças iraquianas pelos ataques aéreos e se apontam as grandes quantidades de prisioneiros e material capturados, não se pode esquecer que estes resultados só puderam ter significado *no momento em que as forças terrestres da Coalizão entraram em contato com as forças terrestres do Iraque*. Desafia todo o bom senso querer crer que o Iraque poderia ter sido expulso do Kuwait mesmo que suas forças tivessem sido ainda mais atingidas pela aviação da Coalizão do que efetivamente o foram. O resultado concreto do desbaste das forças iraquianas foi proporcional aos esforços de camuflagem e proteção das forças atacadas; as bem camufladas reservas sofreram baixas, mas não baixas incapacitantes. O ataque aéreo da Coalizão produziu resultados significativos contra a linha externa de fortificações iraquianas no Kuwait, cujas tropas — não todas — se renderam na chegada da infantaria da Coalizão. Já o ataque aéreo contra a Guarda Republicana, melhor protegida que a linha externa de fortificações, produziu um efeito muito menor e não chegou a impedir nem o seu deslocamento contra as forças da Coalizão nem a existência de superioridade numérica contra a vanguarda mecanizada da Coalizão em pontos localizados; de fato, o desgaste da Guarda Republicana, trazido pelos ataques aéreos, foi muito menor do que o que se disse na época.

Por fim, a defesa antiaérea iraquiana foi capaz de derrubar aviões da Coalizão, *mesmo depois que o seu sistema de defesa aérea integrada fora aniquilado* pelas forças da Coalizão. Deste ponto de vista, cai por terra a pressuposição douhetiana de que a defesa contra os bombardeiros era impossível.

É difícil escapar à observação de que Douhet, como Jomini, "preferia convencer a estar certo". Algumas de suas observações contrastam fortemente com outras proposições suas e com fatos cuja ignorância, para quem se propõe a tarefa a que ele se dedicou, é simplesmente imperdoável. A seleção arbitrária de fatos, o escamoteamento de problemas e a inconsistência de seu pensamento, reunidos na busca de uma única estratégia perfeita e necessariamente vitoriosa, depõem contra sua inclusão na linhagem dos mais úteis pensadores militares.

Não obstante, Douhet foi — e ainda é — um dos mais influentes, senão o mais influente, dentre aqueles que escreveram sobre o uso militar do ar. Em diversos países, o inter-relacionamento entre a aviação comercial e a militar é muito forte, a despeito do esvaziamento da premissa básica de Douhet: a da fácil conversibilidade da aviação civil em aviação militar. A experiência da segunda metade do século XX demonstrou que, pelo menos em guerras convencionais, as operações militares no ar têm de fato uma importância desproporcional, embora muito longe do que Douhet afirmava, e por diferentes motivos. Forças aéreas independentes foram criadas pelo mundo inteiro, embora em muito poucos países elas tenham o controle sobre toda a aviação, seja a de asa fixa, sejam os helicópteros. A batalha pelo que hoje se chama de superioridade aérea é uma das mais importantes em todas as guerras contemporâneas, embora a forma como é conduzida seja muito distinta da imaginada por Douhet.

***

A História Militar do século XX pode ser tomada como fonte para um esforço de reenquadramento da pertinência de Douhet como fundamento da reflexão sobre a guerra no ar. As experiências americanas, em particular, podem mesmo dar base a uma leitura que afirme a preponderância do papel da arma aérea como adjunto tático da guerra em terra e no mar. Aqui, chega-se a uma fronteira: a fronteira do conhecimento e da reflexão, onde ainda não é possível distinguir de forma inequívoca quais as obras e quais os entendimentos que melhor expressam o conteúdo da história da guerra no ar. A experiência da Força Aérea do Exército dos Estados Unidos na campanha da Normandia, notadamente como orientada por E. Quesada, é ponto de partida para a convicção de muitos de que o melhor emprego possível das aeronaves é o suporte direto e indireto às operações em terra[54].

A experiência no Pacífico se abre a duas leituras diferentes; uma, encarnada no uso da arma aérea naval por Keeney e, complementarmente, Spruance[55], que ecoa a centralidade do ar para operações no mar e que dialoga diretamente com Quesada; outra, materializada no bombardeio estratégico do Japão, que, através de uma orientação contra-infra-estrutural[56], deu exemplo da contribuição da guerra no ar na inviabilização da logística inimiga, sem que isso compartilhe da idéia

---

54. HUGHES, Thomas A. *Overlord*. Nova York, The Free Press, 1995.

55. WARDEN, John A., III. *The Air Campaign: planning for combat*. Washington, Pergamon-Brassey's, 1989.

56. MCFARLAND, Stephen L. *America's Pursuit of Precision Bombing, 1910-1945*. Washington, Smithsonian Institute Press, s.d.; FABER, Peter R. "Interwar US Army Aviation on the Air Corps Tactical School: incubators of American airpower" in MEILINGER, Philip S. (org.). *The Paths of Heaven: the evolution of airpower theory*. Maxwell AFB (Alabama), Air University Press, 1997.

de que a guerra possa ser ganha pela força aérea atuando sozinha. Neste sentido, revela-se a falácia embutida no epíteto "estratégico", quando aplicado ao uso das forças aéreas: trata-se de uma admissão implícita da idéia de que seu emprego poderia ganhar a guerra. Desta forma, é mais apropriado falar-se de bombardeio contra-industrial, ou contra-infra-estrutural, ou contraforças; rigorosamente falando, trata-se apenas de variantes de interdição.

A bomba atômica e as munições guiadas, cada uma a seu turno, radicalizaram e potencializaram esta tensão sem realmente resolvê-la. O aperfeiçoamento de armamentos automáticos capazes de vôo — os mísseis de diversos tipos — questionaram mesmo a necessidade de pilotos, que dizer de uma força aérea independente. Por outro lado, estes mesmos armamentos deram base a uma concepção de defesa aérea automatizada tão forte e prevalente que apenas o engenho humano e capacidade de ação flexível de seres humanos nos controles das aeronaves parecem adequados para explorar suas fraquezas e vulnerabilidades — desde logo, a sua geometria e o seu caráter automático.

A crescente importância da órbita baixa terrestre para todos os fins lança, ainda, o questionamento quanto a se as organizações e práticas concebidas para a dinâmica aérea são uma base adequada para a consideração de alternativas de ação propriamente espaciais, ainda que, por enquanto, espaciais da órbita baixa. A órbita e os gradientes de gravitação e velocidade emancipam-se da aerodinâmica e da lógica de composição entre carga combustível e carga útil que diferem de forma marcada — e talvez fatal — da dinâmica de bases e alcances que caracterizou a guerra no ar até o presente.

O século XX ainda não conheceu uma formulação em moldes clausewitzianos sobre a guerra no ar. Existe um número considerável de trabalhos sobre aspectos táticos e, menos freqüentemente, estratégicos — no sentido clausewitziano — da guerra no ar. Isto pode se dever a que não seja adequado pensar estratégias de uma única força, e sim, das forças integradas. No que se refere à guerra no ar, busca-se ainda sistematizar o acervo de experiências, estudos e pesquisas num entendimento capaz de subsidiar uma formulação geral, que resista ao teste de sua refutação.

Por um lado, a centralidade dos esforços de teorização da guerra no ar tem sido o arrimo da existência e continuidade de forças aéreas independentes. Sobre a base cada vez menos sólida do bombardeio estratégico, as forças aéreas independentes têm resistido a discussões sobre a superioridade e mesmo a propriedade de seu emprego como armas aéreas terrestres ou navais. A questão do espaço, que pode ter especificidades que a distingam de forma radical da questão do ar, tem sido tratada como uma continuidade natural das forças aéreas no entendimento pouco claro e potencialmente equivocado de aeroespaço. Isto tem se somado para dificultar a tarefa de quem se proponha a uma formulação mais abrangente de uma teoria do uso militar do ar.

Visto de uma perspectiva mais ampla, de fato, toda discussão sobre a guerra no ar do século XX se deu a partir e à sombra da assertiva de que a guerra pelo ar seria capaz de contornar o desgaste da guerra industrial em terra e mar e produzir, por si só, a vitória; daí a importância que foi atribuída ao entendimento douhetiano de que o bombardeio poderia ser propriamente estratégico. Perceba-se como, neste sentido, não era mais tão relevante se Douhet influenciara ou não os projetos e concepções de outros com o "Domínio do Ar"; o que era relevante era que Douhet havia articulado a ambição dos aeronautas sobre a importância e a decisividade do ar da forma mais radical. Havia, portanto, um contraste de prioridades e tudo o que estas implicavam em termos de recursos e percursos: por um lado, os que não punham em dúvida que o bombardeio podia ser estratégico e priorizavam os bombardeiros pesados; por outro, os que preferiam dar conta das diversas formas pelas quais a incorporação do uso do ar podia servir a propósitos bélicos na terra ou no mar e priorizavam os diversos tipos de aeronaves que podiam desempenhar a gama de papéis potencialmente úteis para os exércitos e marinhas. O que tornava este contraste uma tensão era exatamente o fato de que a existência de forças aéreas independentes estava centrada na idéia do bombardeio estratégico.

Esta tensão é evidente em todo o campo de estudo da guerra no ar. Um exemplo imediato é a divisão geralmente aplicada a "forças aerotáticas" e "forças aeroestratégicas". No mais das vezes, esta repartição não tem nenhum outro lastro do que o alcance das aeronaves envolvidas; em outras situações, nem mesmo este lastro existe. Considere-se, por exemplo, o emprego de aviões de ataque baseados em porta-aviões: seu ataque a alvos no interior do território inimigo, a partir do mar, pode ser chamado de "estratégico"? Em caso afirmativo, e não sendo conduzido pela força aérea independente, como julgar a assertiva de que é necessário um estado-maior e um comando compostos exclusivamente por aviadores, tal como defendido pelo relatório Smuts ou por Douhet? Se não, qual a diferença, em tal situação, entre os bombardeios pela força aérea independente ou pela ala aérea embarcada no porta-aviões? Se a mesma aeronave, na mesma situação, sob o mesmo comandante, pode ser empregada indiferentemente para o ataque a alvos industriais ou para o ataque a forças inimigas, qual o sentido da distinção entre "aerotático" e "aeroestratégico"? Percebe-se, assim, o equívoco embutido em uma partição que, embora de uso corrente, não resiste a um exame lógico ou histórico mais embasado, e cuja prevalência é melhor percebida como sintoma de uma tensão do que como uma proposição analítica cientificamente fundamentada.

A importância óbvia da força aérea para a guerra moderna contrasta fortemente com a fragilidade de suas bases teóricas e doutrinárias. Considerando-se a escassez relativa de exemplos históricos, a dificuldade de análises para o papel bélico do ar e sua contribuição para a guerra em terra e no mar, o pleito de que a guerra áerea possa ser decisiva em si mesma e a multiplicidade de questionamentos que o míssil e o espaço próximo colocam a um enquadramento que tenha que, a um só tempo, atender aos reclamos da especificidade da guerra no ar e da dinâmica corporativa que ambienta o debate entre e a respeito das forças e armas aéreas, talvez não seja surpresa que se possa encerrar este capítulo com a consideração de que a reflexão sobre o emprego militar do ar ainda espera o seu grande autor.

Capítulo 5

# O Problema das Revoluções nos Assuntos Militares

Há diferentes maneiras de estudar os pólos que se inserem no campo dos Estudos Estratégicos. Enquanto estes pólos se formam, a teoria que os conforma é apresentada na forma de hipóteses. E os Estudos Estratégicos testam-nas buscando encontrar a contraprova que as refute, teste este que continua sendo feito mesmo quando as hipóteses já estão consolidadas. Neste caso, considera-se que estas hipóteses são capazes de reduzir grande número de fenômenos a um pequeno conjunto de leis causais, permitindo previsibilidade; isto é, prever os acontecimentos pela extrapolação das leis básicas — extremamente difícil em ciências sociais — e ter abrangência, ou seja, encampar o que já existe e não está formalmente desmentido — o que é norma nas ciências exatas. Dada sua característica interdisciplinar, os Estudos Estratégicos convivem com as características e peculiaridades das diversas disciplinas que concorrem para sua existência.

No entanto, esse mesmo sistema está sujeito a modificações em face dos avanços científicos. E quando isso ocorre, temos uma mudança de paradigma, quando então a atualidade dos nossos entendimentos da dinâmica bélica se vê questionada. Ainda que este processo seja multidimensional, ele tende a ser percebido como resultante de uma causa específica.

Os soviéticos, cujo pensamento militar — que denominavam de "ciência militar" — tinha uma formalidade e uma rigidez maior do que a de sua contraparte ocidental, viram-se diante da necessidade de rever suas doutrinas e teorias militares em função da novidade das armas atômicas. Os soviéticos foram os primeiros a explicitar o entendimento de que as formas do guerrear podiam sofrer mudanças drásticas e não incrementais, cunhando, para a descrição deste processo, o termo "revolução nos assuntos militares". Por um lado, isto dava continuidade ao entendimento da velocidade e abrangência da mudança e se distinguia da simples evolução dos assuntos militares, mercê do aperfeiçoamento dos procedimentos e das técnicas. Por outro, a partir de sua matriz ideológica, buscava valorizar este processo por uma associação com a idéia de "revolução" como forma essencial do progresso da História, em analogia à própria Revolução Soviética.

Não é uma idéia trivial a de que existam revoluções nos assuntos militares: ela põe em xeque qualquer pretensão de que as formas de fazer a guerra tenham uma continuidade principial em suas expressões ou práticas. Nesse sentido, a continuidade de preceitos jominianos no edifício doutrinário militar soviético — os princípios da guerra, por exemplo —, tiveram que ser abstraídos de forma a dar conta da mudança dos termos concretos aos quais se referiam. É importante destacar que a pretensão soviética de que a sua "ciência militar" — ao contrário do pensamento militar ocidental — fosse consistente não correspondia aos fatos, mesmo antes que estes resultados fossem justapostos à sua doutrina. Nunca tinha havido solução para a dicotomia entre o fundamento clausewitziano da leitura leninista da guerra e as expressões jominianas da doutrina militar das forças armadas soviéticas.

A revolução nos assuntos militares, portanto, era a um só tempo uma terceira vertente de entendimento — e, em sua origem soviética, pesadamente tecnológica — e uma tentativa de compor percepções distintas num entendimento pragmático das necessidades militares modernas, mais especificamente, para dar conta do teatro europeu ocidental nuclearizado. O que o armamento atômico questionava era a proporcionalidade entre quantidade e poder combatente. Ao introduzir um armamento de grande poder de destruição cujos requisitos logísticos eram comparativamente menores do que os convencionais, o fundamento da superioridade militar soviética — a massa de suas tropas — tinha sido superado por uma vantagem técnica.

A partir deste entendimento, diversos autores ocidentais absorveram a idéia de revolução nos assuntos militares não como uma proposta circunstancial — que queria resolver um problema soviético particular, a inserção da bomba atômica na dinâmica combatente —, mas sim, em harmonia com a tradição ocidental dos Estudos Estratégicos, como uma proposição teórica de validade geral. Como resultado, a História Militar passou também a ser lida como a irrupção ou ausência de revoluções nos assuntos militares, admitindo a produção de cronologias que buscavam mapear a natureza e quantidade desses fenômenos.

Não existe ainda um entendimento abrangente sobre quais teriam sido as revoluções nos assuntos militares ao longo de toda a história da guerra. Existe, no entanto, uma convergência entre vários autores acerca da natureza revolucionária de alguns eventos. Napoleão, ao introduzir uma nova forma de guerrear baseada na conscrição e no sistema de corpos de exército, explorando de forma inovadora — para alguns, revolucionária — o deslocamento para o combate em termos de uma antecipação ao próprio combate, seria exemplo de uma revolução nos assuntos militares. A utilização do sistema de reservas, da ferrovia e do telégrafo, integrados de forma sistêmica, permitindo uma mobilização e controle de forças em escala e velocidade imprecedentes, permitiria identificar uma outra instância revolucionária, ainda que as práticas da Guerra Civil Americana sugiram que o sistema de reservas não devesse ser tomado como essencial. A este caso, se poderia acrescentar a utilização combinada de motorização aérea e terrestre, comandada e controlada por rádio, integrada na forma da *Blitzkrieg* alemã, do rolo compressor soviético e da guerra aeroterrestre dos Aliados ocidentais na Segunda Guerra Mundial. Finalmente, deve-se considerar que a prática bélica das forças armadas americanas na Guerra do Golfo de 1991 teria mostrado o potencial de uma nova forma de organizar o espaço de combate, impondo a necessidade de se a tomar como uma revolução nos assuntos militares, obrigando qualquer reflexão estratégica a considerá-la.

Isto tem levado a esforços de codificação e clarificação das dinâmicas e relacionamentos que permitiriam identificar, avaliar e gerir uma revolução nos assuntos militares no preparo e emprego das forças armadas. O perfil traçado acima reflete um viés da literatura que privilegia a guerra travada em terra; ainda são incipientes os esforços das historiografias naval, aérea e mesmo espacial e de forças especiais de darem conta deste conceito.

Assim, convive-se hoje com vários esforços de mapeamento e identificação das componentes das revoluções nos assuntos militares. Por um lado, há esforços que buscam expandir o conceito de revolução nos assuntos militares para a origem mesmo do mundo militar ocidental, buscando aferir a história das guerras nos períodos antigo e medieval por esta ótica. Por outro, há esforços de formulação mais pragmática do que sejam as revoluções nos assuntos militares, de maneira a capacitar a tomada de decisão, no presente, sobre arquiteturas e projetos de forças.

Para esta segunda vertente, nos termos concebidos por Andrew F. Krepinevich, uma Revolução nos Assuntos Militares resultaria da "aplicação de novas tecnologias em um significativo número de sistemas militares, combinada com conceitos inovativos e adaptação organizacional, de maneira tal que altera, fundamentalmente, o caráter e a condução dos conflitos. E ela faz isso produzindo um aumento dramático no potencial de combate e na eficiência militar da força combatente"[57].

Um aspecto comum a cada revolução nos assuntos militares, e talvez mesmo sua essência, seria não a rapidez das mudanças em termos de eficiência combatente em relação ao oponente, mas sim a magnitude das mudanças comparadas com as capacidades militares antes existentes. É dizer, uma revolução nos assuntos militares seria uma alteração profunda na forma de conduzir a guerra que imporia descontinuidades quantitativas ou diferenças qualitativas de tal ordem que resultariam na virtual obsolescência das formas anteriores de combater, fazendo com que as diferenças de eficácia e eficiência fossem de tal forma pronunciadas que se estabeleceria uma assimetria potencialmente decisiva entre aqueles que não quisessem ou não conseguissem emular a nova forma de combater.

Avanços tecnológicos seriam necessários, mas não suficientes, para uma revolução nos assuntos militares. Cabe lembrar que o termo TECNOLOGIA não deve ser confundido com *hardware*: tecnologia é sempre a expressão de saberes contidos em produtos ou processos.

É com o entendimento de tecnologia como pertinente a produtos e processos que se pode perceber que existem sinergias e ganhos sistêmicos que não estão necessariamente contidos nas partes ou mesmo no conjunto das partes, mas sim no seu arranjo. O exemplo da *Blitzkrieg* é típico, já que as mudanças relativas na capacidade combativa da arma *Panzer* da Wehrmacht só tiveram lugar por um processo

---

57. KREPINEVICH, Andrew F. "Cavalry to computer: the pattern of military revolutions" in Strategy and force planning faculty (org.). *Strategy and force planning*. Newport (R.I.), Naval War College Press, 1995. p.582. *apud* BARTLETT, Henry C.; HOLMAN, G. Paul, Jr.; SOMES, Timothy E. "Force planning, military revolutions and the tiranny of technology". *Strategic Review*, outono 1996, p.28.

## TECNOLOGIA

Tecnologia é, antes de tudo, um fenômeno social: por ser um fenômeno social pervasivo em nosso tempo, tendemos a perder essa perspectiva e enxergá-la em suas materializações. De forma simplificada, a tecnologia se distingue da técnica de tempos passados por dois motivos.

Em primeiro lugar, a tecnologia decorre de um entendimento científico de sua causalidade, o que faz com que as tecnologias sejam passíveis de um entendimento racionalmente instruído e, nesse sentido, universal. Não há desconhecido na tecnologia, ainda que possa haver segredo. Mesmo assim, quando se tem notícia de um determinado produto ou processo tecnologicamente novo, a base científica da tecnologia permite analisá-lo e mesmo duplicá-lo. Na tecnologia, como na ciência, o trabalho dos pioneiros tem importância excepcional. Exatamente a facilidade da reprodução dos resultados tecnológicos orienta a percepção de sua segunda marca distintiva.

Em segundo lugar, a tecnologia depende de um regime social no qual o esforço pioneiro de seu desenvolvimento seja protegido da simples cópia e recompensado por seus resultados. Assim, tecnologia só pode existir quando existe um sistema jurídico e legal que assegura privilégios para aquele que desenvolveu a aplicação do conhecimento a um processo ou a um produto, de forma a permitir-lhe compensar seus custos e auferir ganho. Na atualidade, o sistema de patentes e propriedade industrial é a expressão mais visível do mecanismo social que possibilita a continuidade do progresso tecnológico.

Note-se que a dinâmica social do Ocidente impôs, em nome de um ideal que deseja remunerar o inventor sem prejudicar a coletividade, um sistema em que os privilégios de uso e aplicação da tecnologia estão limitados tanto no tempo (vigência da patente) quanto na sua pervasividade na vida social (leis antitruste e obrigatoriedade de licenciamento em prol do bem público).

De maneira geral, tecnologia é percebida como materializada em produtos e processos. No primeiro caso, trata-se de artefatos que atendem ou criam determinadas necessidades humanas socialmente estabelecidas: um televisor a cores, um remédio para artrite ou um novo míssil antimíssil. No segundo caso, trata-se da forma pela qual artefatos ou serviços que atendem ou criam determinadas necessidades humanas socialmente estabelecidas são produzidos: a linha de montagem, o moderno sistema de granjas, ou a *Blitzkrieg*.

> De fato, poucos produtos são tão densamente tecnológicos quanto um microcomputador, que, no entanto, é montado a mão. De fato, poucos processos são tão densamente tecnológicos quanto os que levam as galinhas das granjas a produzirem em quantidade ovos de qualidade a preços reduzidíssimos, sem, no entanto, produzir um ovo substancialmente diferente de todos os ovos que o precederam.
>
> Neste sentido, a utilização do termo tecnologia para as técnicas não científicas e não reguladas socialmente anteriores ao século XVIII é uma incorreção metodológica só justificada pela liberdade retórica de um texto que quer poupar seus leitores da difícil percepção de que o passado é diferente, mas que não tem lugar em qualquer discussão mais rigorosa. É dizer, não faz qualquer sentido falar em tecnologia neolítica, romana, medieval ou, mesmo, renascentista.

interativo em que novos conceitos de operação incorporavam avanços tecnológicos potenciais e orientavam o seu desenvolvimento; de fato, os tanques alemães eram inferiores sob praticamente todos os aspectos aos tanques aliados; a forma de luta alemã é que explica o seu desempenho superior.

Com este entendimento, autores que reconhecem a validade da idéia de revolução nos assuntos militares afirmam haver alguns requisitos para que sua materialização possa ter lugar ou possa ser emulada. O primeiro, como já dito, seria a capacidade de dar conta dos desenvolvimentos tecnológicos de processo que potencializariam a capacidade combativa, de tal forma que redundassem em descontinuidades quantitativas, ou em rupturas qualitativas, nos sistemas combatentes, ou no sistema de sistemas.

Retomando o exemplo anterior, a instalação das ferrovias e o desenvolvimento da capacidade de geri-las militarmente são duas realidades inteiramente diversas. A primeira, ainda que admita uma certa orientação pelo Estado, reflete dinâmicas sociais e econômicas inteiramente estranhas à lógica militar. A segunda implica no aprendizado, pelos estados-maiores, por exemplo, das técnicas, limites e potencialidades do uso militar da ferrovia. Assim, foi possível conviver por décadas com as ferrovias antes que se descobrisse como utilizá-las militarmente ou sequer se reconhecesse o seu potencial militar.

Outro requisito, decorrência do primeiro, seria a reforma organizacional — que, no limite, reconfiguraria a própria estrutura da instituição militar — que fosse adequado à forma de lutar tida como nova ou revolucionária. A incorporação do vapor às marinhas apresentou uma reconfiguração substantiva da identidade e do preparo do oficial de marinha. Por um lado, a independência do vento e a diminuição do valor tático das circunstâncias climáticas no mar militaram contra a validade de um treino de oficialato que se baseasse num longo convívio com o mar. A necessidade do conhecimento dos mecanismos e da engenharia propulsiva, tecnologias que demandam uma familiaridade com bases técnico-científicas formais, introduziu a educação em terra e a avaliação acadêmica deste estudo como elementos centrais para a carreira dos oficiais de marinha. De forma análoga, o processo de acompanhamento e aperfeiçoamento da tecnologia do vapor e de seu emprego naval reorganizou as marinhas, adicionando às suas estruturas oficiais e departamentos especializados, reformando o conjunto da organização naval em desenhos mais ou menos racionalizados, distantes da forma orgânica pela qual as marinhas dos navios a vela eram concebidas e conduzidas. Se nos ativéssemos às sugestões dos autores que defendem a existência de revoluções nos assuntos militares, poderíamos concluir que este conjunto de mudanças configuraria uma destas revoluções. No entanto, até onde é de nosso conhecimento, nenhum autor até o presente identificou no processo descrito acima a ocorrência de uma revolução nos assuntos militares.

Finalmente, um e outro requisito se traduziriam na reconfiguração dos elementos logísticos que viabilizariam a posse e manutenção de forças armadas atualizadas. Do momento em que os vínculos entre as tecnologias da comunicação, da informática, da mecânica e da eletrônica passaram a configurar um adensamento telemático-mecatrônico que passou a ter um papel de destaque na viabilização da existência dos sistemas militares, aquelas sociedades onde estas dinâmicas tecnológicas não se desenvolvessem passariam a ter uma multiplicidade de custos adicionais para a busca e manutenção da eficácia e da eficiência de suas forças armadas — caso estas buscassem emular aqueles arranjos.

Compartilhar da necessidade de se ter um conceito de revolução nos assuntos militares teria, ao menos, dois propósitos para o estudioso de estratégia. O primeiro seria a percepção da possibilidade da geração súbita de uma assimetria de capacidades combatentes entre adversários com uma mesma base de equipamentos e sistemas ou sem alteração significativa da base de equipamentos e sistemas de um dos lados. Os mesmos tanques, organizados em regimentos independentes, agregados a brigadas para apoio à infantaria ou em regimentos orgânicos de brigadas em arranjos de armas combinadas motorizadas comandados e controlados por rádio produzem poder combativo marcadamente diferente — configurando, segundo vários autores, uma revolução nos assuntos militares.

O segundo seria que a revolução nos assuntos militares imporia uma mudança na percepção do processo de desenvolvimento de um projeto de forças: ao questionar a validade de determinadas escolhas de meios em função de suas implicações para os arranjos sistêmicos; e ao privilegiar o investimento e maturidade de arranjos sistêmicos em detrimento da modernização dos meios. Isto iria gerar uma ponderação informada sobre quais opções entre meios ou sistemas gerariam, ou poderiam vir a gerar, capacidades combatentes superiores. O que estaria em jogo para os projetistas de força deixaria de ser apenas o patamar de poder combatente que se desejasse atingir para incluir a ponderação das trajetórias de evolução da força que levariam a um determinado patamar e que se originariam a partir de determinadas decisões. Assim, o projeto de força passaria a incluir não mais apenas uma força, mas o percurso mesmo de evolução (ou revolução) dessa força para o futuro. Nesse sentido, é importante perceber que inovação não é necessariamente dependente de recursos orçamentários — não necessariamente depende de investimento em meios tanto quanto do investimento em processos.

Entretanto, há vários problemas embutidos na idéia de revolução nos assuntos militares. O primeiro deles é a inconsistência no tratamento dos problemas de *hardware* e de processos na discussão. Com efeito, desde sua origem, a idéia de revolução nos assuntos militares está fortemente calcada em determinações oriundas do desempenho de determinados equipamentos (notadamente, da bomba atômica). Ora, qualquer pessoa razoavelmente familiarizada com a vida social do século XX, e principalmente do período posterior à II Guerra Mundial, sabe que inovações tecnológicas (de *hardware*) ocorrem com uma freqüência considerável; cada uma delas, em sua vertente de emprego bélico, implicaria uma revolução nos assuntos militares? Afinal, várias destas inovações permitem — mas não determinam — um rearranjo substantivo dos procedimentos e doutrinas táticos, da organização interna das forças, dos seus sistemas de $C^3$IC e logística.

Além disso, inovações tecnológicas de *hardware* foram incorporadas de maneiras diferentes pelas diversas forças armadas do mundo inteiro, sem que necessariamente implicassem maneiras distintas de organizar suas forças, sem alterar drasticamente suas concepções táticas, exigindo apenas modificações pontuais em seus arranjos, em suma, sem configurarem alterações drásticas ou substantivas. Daí a questão: qual o sentido, portanto, de se falar em revoluções nos assuntos militares, uma vez que suas premissas foram falsificadas na prática?

O segundo problema é o da própria definição do que seja revolução. A idéia de revolução é originária da Astronomia, descrevendo o período de rotação da Terra em torno do Sol. A partir daí, o termo foi apropriado pelos rebeldes norte-americanos, em 1776, com o propósito de distinguir sua atividade política de uma simples rebelião ou revolta; com isso, pretendiam dizer que estavam construindo uma nova ordem secular distinta de tudo que os precedera, e rompendo, ao menos no plano das idéias, com tudo o que caracterizava a velha ordem monárquica e imperial. Daí o termo foi empregado, no mesmo sentido, pelos franceses em 1789. No século XIX, Karl Marx deu ao termo revolução um significado próprio: determinadas modificações nas relações de produção fixadas por alterações significativas nas forças produtivas de uma sociedade decidiam a modificação radical de todas as suas principais instituições sociais e políticas. Nesse sentido, tratava-se de uma reconfiguração radical da vida de uma sociedade, dada pela própria maneira como esta sociedade produzia suas riquezas. Ora, ao desvincularmos o termo revolução de seu significado sociológico mais preciso, contrabandeamos uma série de significados associados ao seu conteúdo original para um campo inteiramente distinto, maculando seu entendimento em uma e outra disciplina. Assim, todo cuidado deve ser tomado quando se usa o termo revolução fora do seu contexto original. Deve-se sempre, ao tomar este termo, ter em mente que conseqüências o fenômeno supostamente "revolucionário" teve para o conjunto da sociedade em que teria ocorrido. Desta forma, por exemplo, parece-nos perfeitamente legítimo falar de revoluções científicas: afinal, tais fenômenos efetivamente implicaram alterações profundas na maneira como as sociedades envolvidas enxergavam o mundo, agiam diante dele, produziam suas riquezas etc. Basta lembrarmos das enormes conseqüências advindas da mera afirmação de que a Terra girava em torno do Sol, e não o contrário. É evidente que uma eventual revolução nos assuntos militares não implica uma reconfiguração radical das sociedades onde ela viesse a ocorrer; nesse caso, mais uma vez, por que falarmos em revolução, quando não é isso que está em jogo? Nesse sentido, "revolução nos assuntos militares" pareceria apenas um nome pomposo para mudanças descritas como rápidas e drásticas cujo alcance seria extremamente localizado, e não generalizado, como o termo "revolução" indicaria.

Por último, cabe questionar a própria utilidade do conceito. De fato, se nem mesmo os autores que o defendem e utilizam conseguem se pôr de acordo — com exceção de alguns poucos casos — sobre quando e onde teriam ocorrido revoluções nos assuntos militares, temos todo o direito de perguntar se essa expressão realmente significa alguma coisa mais que uma retórica propagandística de investimento em determinados rumos tecnológicos e organizacionais. Além disto, se tantas revoluções nos assuntos militares podem ter ocorrido segundo aqueles autores, o que se ganha conceitualmente com a utilização desta expressão? Ela nos ajuda a entender o que está ocorrendo? Ela auxilia o nosso entendimento da evolução histórica das mudanças, servindo para educar o nosso juízo? O que dizer das diferentes táticas efetivamente empregadas ao longo da História: todas elas seriam revoluções nos assuntos militares? Ou só aquelas que foram circunstancialmente vitoriosas? Nesse caso, qual o critério para a definição do que seja ou não seja uma revolução nos assuntos militares? O que dizer das alternativas táticas que, por motivos diversos, não tenham viabilizado sucessos políticos para aqueles que as empregaram? Não poderiam ser arranjos superiores, porém tão inferiorizados em número, ou em situação estratégica ou política decisivamente desvantajosa, mas ainda assim arranjos superiores? Nesse caso, poder-se-ia falar de revoluções nos assuntos militares abortadas?

Claro, o fato de que algo recorrentemente caracterizado como uma "revolução nos assuntos militares" não o seja propriamente, em nada diminui — ou aumenta — sua importância, que deve ser estabelecida mediante um exame rigoroso de suas conseqüências imediatas e de mais longo prazo, e não mediante um rótulo imponente. A relevância de acontecimentos da História Militar — as guerras e campanhas napoleônicas, a *Blitzkrieg*, os cenários nucleares — não deriva de terem sido ou não "revoluções nos assuntos militares". Ao contrário, a idéia de "revoluções nos assuntos militares" é que parece assentar sua importância pela associação com o impacto destes acontecimentos.

Assim, diante da incapacidade de se responder às perguntas acima, tendemos a concluir que a expressão "revolução nos assuntos militares" é antes de tudo o fascínio de alguns autores para com alguns acontecimentos surpreendentes, inusitados ou espetaculares, ou simplesmente de potenciais atribuídos a certos equipamentos ou arranjos possíveis; mas que carece de qualquer utilidade, fundamento científico ou consistência interna.

# Algumas palavras finais

Não seria admissível tentar realizar aqui uma síntese abrangente e conclusiva das idéias, discussões e problemas sobre os quais este *Guia* procurou discorrer. Esta tarefa pertence, sem dúvida, ao leitor, que tomará os elementos aqui apresentados como sugestões de viajantes que percorreram antes dele um território pouco conhecido. Buscou-se apenas apresentar instrumentos, destacar os pontos salientes e sugerir abordagens que permitam que o percurso do leitor venha a ser mais fácil, útil e prazeroso.

Sem dúvida que muito do amplo território dos estudos estratégicos não foi apresentado, e mesmo o pouco que se pode compartilhar foi trazido mais pelo seu valor fundamental de base e ponto de partida do que pela sua aplicabilidade imediata. E, no entanto, estes pontos nos parecem os essenciais, pois são os fundamentos sobre os quais todo o entendimento ocidental da guerra se assenta. É sempre proveitoso que se tenha em mente, ao iniciar uma jornada — e este final é assim, um início —, algumas palavras que servem para acompanhar nosso percurso.

Em primeiro lugar, é indispensável que se entenda que não há uma solução eterna e perfeita para os problemas da guerra, nem para o problema da guerra. Por um lado, somente uma reforma desumanizante da natureza humana pode pretender remover as diferenças, bases dos conflitos, e as paixões, pelas quais vale a pena lutar. Por outro, qualquer arranjo, qualquer solução, tem que se saber parcial e transitório. Assim, ao empreendermos a jornada dos estudos sobre a guerra, é crucial que não nos esqueçamos da impermanência de nossas soluções e entendimentos, homenageando o passado e reconhecendo e respeitando as sementes do futuro.

Em segundo lugar, é impossível propor qualquer solução, ainda que parcial e transitória, sem o entendimento da História. Só ela pode ser mestra de nosso presente e nos sugerir as possibilidades de nosso futuro. Existe, hoje, um falso e danoso pragmatismo que afirma que só o presente explica o presente. Este pragmatismo não é apenas tolo; ele é potencialmente catastrófico. Não é preciso muito, para aqueles que vivenciaram a derrocada do Império Soviético, para que se perceba o quão essencial a História é.

Em terceiro lugar, é talvez redundante dizê-lo, as coisas mudam. As coisas mudam porque as pessoas mudam; as coisas mudam simplesmente porque as coisas mudam à revelia das pessoas; as coisas mudam porque as relações entre as pessoas e as coisas mudam. Nosso tempo é um tempo de mudança, em que a impermanência de nossos entendimentos e ações está sempre sendo afirmada. Não é admissível, portanto, que se elaborem concepções, se dê partida a projetos, se decida por ações como se as coisas não mudassem, ou que se tenha como hipótese — ainda que como hipótese implícita — uma rigidez que vemos destruída a cada dia. Qualquer proposta de nossos tempos tem que aceitar e tratar explicitamente da mudança.

Em quarto lugar, o problema da guerra, em termos mais amplos, o problema da segurança, é um problema nosso. Em toda a sua complexidade, com todos os seus matizes, com todos os seus paradoxos, com todos os seus questionamentos, a questão da segurança só pode ser realmente tratada com alguma visão do seu todo. Numa era de especialistas, a tentação de se restringir a reflexão ao que já se conhece é tremenda. O ônus sobre aqueles cuja responsabilidade envolve o resultado e a integração de diversas ações é colossal. A responsabilidade pela generalidade que instrui a ação do conjunto pode muito bem ser um fardo insuportável. Assim, um estudioso de estratégia tem que ter consciência de que seus entendimentos e ações dependem e precisam de outros; que seus esforços são uma tarefa indivisível, onde o que está em jogo é o fundamento mesmo da vida civilizada — a ordem pública, a defesa.

Para estes propósitos, é nosso sincero desejo que este *Guia* seja de alguma valia.

# Indicações Bibliográficas

A intenção desta sumaríssima lista de referências é a de destacar aqueles títulos que nos parecem o melhor caminho para a entrada no campo dos estudos estratégicos. Não tem, assim, qualquer pretensão de ser exaustiva, mas a expressão do nosso juízo do que sejam aquelas obras indispensáveis, cuja leitura é mais bem feita logo no início.

• CLAUSEWITZ, Carl von. *Da guerra.*

Existe um problema no acesso à obra de Clausewitz: várias edições, alegadamente orientadas pela simplificação de suas idéias, suprimem, arbitrariamente, trechos inteiros de seu raciocínio, chegando mesmo ao paroxismo de querer reconstruir a obra através de compêndios que agregam "trechos" do *Da guerra.* Para os que não lêem alemão, portanto, recomenda-se a tradução e edição de Michael Howard e Peter Paret (*On War*, Princeton University Press, 1986; ou Nova York, Alfred A. Knopf, 1993) como a melhor edição disponível. Não temos conhecimento de sua tradução para o português. A edição da Martins Fontes tem o mérito de conter o texto integral em português. Os autores recomendam certa cautela na leitura da introdução de Anatole Rapoport, que faz parte desta edição; sugerimos ler Clausewitz *antes* dessa introdução.

• CORBETT, Julian S. *Some Principles of Maritime Strategy.* Annapolis, Naval Institute Press, 1988.

Recomenda-se a leitura da excelente introdução feita por Eric J. Grove, incluída na edição citada acima.

• DOUHET, Giulio. *O domínio do ar.* Belo Horizonte, Itatiaia/INCAER, 1988.

• JOMINI, Antoine H. *The Art of War.* Westport, Greenwood Press, s/d. (versão integral da tradução de 1862)

Esta versão do *Précis* é tomada como a mais representativa do pensamento jominiano.

• MAHAN, Alfred T. *The Influence of Sea Power upon History, 1660-1783.* Diversas edições.

• MAHAN, Alfred T. *Naval Strategy Compared and Contrasted with the Principles and Practice of Military Operations on Land.* Boston, Little, Brown and Company, 1911.

• MASON, R.A. *Air Power: an overview of roles.* London, Brassey's, 1987.

Em função da ausência de uma teorização sólida do uso militar do ar, o livro do Brigadeiro Mason (RAF) serve como uma introdução às diversas tarefas e possibilidades do ar para fins bélicos.

A estes podem se acrescentar com grande ganho:

• CREVELD, Martin van. *Supplying War: logistics from Wallerstein to Patton.* Cambridge, Cambridge University Press, 1977.

• CREVELD, Martin van. *Technology and War: from 2000 bC to the present.* Nova York, The Free Press, 1989.

• GROVE, Eric. *The Future of Sea Power.* Annapolis, Naval Institute Press, 1990.

• HOBKIRK, Michael. *Land, Sea or Air? Military Priorities: Historical Choices?* Nova York, Saint Martin's Press, 1992.

• HOWARD, Michael. *The Causes of Wars.* Londres, Unwin Paperbacks, 1983. Esta coletânea inclui o texto "The use and abuse of military history", p.208-17.

• JONES, Archer. *The Art of War in the Western World.* Oxford, Oxford University Press, 1987.

• MCNEILL, William. *The Pursuit of Power: technology, armed force, and society since AD 1000.* Chicago, Chicago University Press, 1982.

• O'CONNELL, Robert L. *História da guerra: armas e homens.* Lisboa, Teorema, 1989.

• PARET, Peter (org.). *Makers of Modern Strategy: from Macchiavelli to the Nuclear Age.* Princeton, Princeton University Press, 1986.

# O Grupo de Estudos Estratégicos

O Grupo de Estudos Estratégicos (GEE), criado em 1991, como parte da Câmara de Estudos Interdisciplinares do Fórum de Ciência e Cultura, foi originalmente orientado para os temas e questões conexas da tecnologia e do poder. A partir de 1994, voltou-se para o papel de ser um centro articulador do esforço de pesquisa e educação de pós-graduação em estudos estratégicos *stricto sensu*, ou seja, elo interdisciplinar existente entre o sistema político (as relações internacionais e o provimento de ordem pública) e as organizações de força do Estado. O GEE passou a privilegiar uma abordagem consistente entre arranjos e metas políticos (*politics*) que justificam as organizações de força, suas estruturas e procedimentos, expressos através de políticas (*policies*) internacionais, de segurança e do provimento da ordem pública.

Trata-se enfim de apresentar um panorama temático em dois aspectos: (1) o da lógica estrutural das organizações de força independentemente de seu propósito, desde considerações de caráter técnico até a ponderação de metas políticas e as alocações de recursos; (2) o das organizações de força como ferramentas para determinados fins e as diferencia em função de suas esferas de atuação, desde a questão da segurança internacional até os desafios da ordem pública local.

A proposta metodológica do GEE é analítica, oferecendo ferramentas para projeto e gestão das organizações de força e de suas políticas públicas em sociedades democráticas.

Atividades do GEE — apoio e suporte a trabalhos de mestrado e doutorado, nos temas de Estudos Estratégicos — desenvolvimento de estudos e pesquisas de caráter teórico e aplicado sobre os seguintes tópicos: 1. natureza e escopo dos Estudos Estratégicos na atualidade;

2. teoria da guerra; 3. política de defesa nacional; 4. projeto de forças armadas; 5. o uso de jogos para a educação e a análise de operações militares e policiais; 6. a administração estratégica da ordem pública.

O GEE tem produzido vários tipos de publicação, desde papéis, artigos, propostas etc. e seu trabalho mais recente foi *Política de defesa no Brasil: uma análise crítica*, de Domício Proença Júnior e Eugenio Diniz (Ed. UnB, 1998).

Professor Dr. Domício Proença Júnior é doutor em Estudos Estratégicos, coordenador do Grupo de Estudos Estratégicos da Coordenação dos Programas de Pós-Graduação em Engenharia da Universidade Federal do Rio de Janeiro — COPPE/UFRJ, professor do Programa de Engenharia de Produção. Membro do Instituto Internacional de Estudos Estratégicos (IISS — Londres), da Associação Internacional de Pesquisa da Paz (IPRA), da Associação de Desenhistas de Jogos de Computador (CGDA— Santa Clara, EUA). Desenvolve trabalho de pesquisa e consultoria nos campos da defesa nacional e da ordem pública, tendo sido incluído nas edições do *Marquis Who is Who in the World* desde 1996 e agraciado com a medalha de Amigo da Marinha.

Professor Eugenio Diniz é bacharel em filosofia, mestre em Ciência Política, pesquisador do GEE e está cursando o doutorado em Estudos Estratégicos no Programa de Engenharia de Produção da COPPE/-UFRJ. Em 1994, defendeu sua dissertação de mestrado sobre *O Projeto Calha Norte: antecedentes políticos.* Atualmente vem desenvolvendo trabalho sobre alas aéreas de porta-aviões.

O Capitão-de-Fragata Salvador Ghelfi Raza foi instrutor de estratégia da Escola de Guerra Naval, é mestre em *Defense Studies* pelo King's College da Universidade de Londres e está cursando o doutorado em Estudos Estratégicos no Programa de Engenharia de Produção da COPPE/UFRJ. Atualmente vem desenvolvendo trabalho sobre projeto de forças.

Grupo de
Estudos
Estratégicos

e.mail: geeufrj@ibm.net

Este livro foi composto pela TopTextos, em Times New Roman, e impresso por Prol Editora Gráfica, em março de 1999.